奇迹之城

深圳备忘书

［澳］
张新奇
—著—

深圳出版社

图书在版编目（CIP）数据

奇迹之城：深圳备忘书 / (澳) 张新奇著. -- 深圳：深圳出版社, 2024.1
ISBN 978-7-5507-3902-4

Ⅰ.①奇… Ⅱ.①张… Ⅲ.①深圳—概况 Ⅳ.①K926.53

中国国家版本馆CIP数据核字(2023)第172630号

奇迹之城：深圳备忘书
QIJI ZHI CHENG：SHENZHEN BEIWANGSHU

出 品 人　聂雄前
责任编辑　张　梅　刘　婷
责任校对　叶　果
责任技编　梁立新
封面设计　日　尧

出版发行　深圳出版社
地　　址　深圳市彩田南路海天综合大厦（518033）
网　　址　www.htph.com.cn
订购电话　0755-83460239（邮购、团购）
设计制作　深圳市龙瀚文化传播有限公司 0755-33133493
印　　刷　中华商务联合印刷（广东）有限公司
开　　本　787mm × 1092mm　1/16
印　　张　19.25
字　　数　220千
版　　次　2024年1月第1版
印　　次　2024年1月第1次
定　　价　49.80元

东经 113° 43′ 至 114° 38′

北纬 22° 24′ 至 22° 52′

序

这部书本是为深圳建城四十周年写的，一晃过去三四年时光。人们的语境变了，兴奋点也变了。对于一部非虚构作品，这不能不算一个小小的遗憾。

但，这不要紧，阅读通常是一次穿越时空的旅行，自有它的愉悦点。

每一块故土都是亘古不变的舞台。四十多年来，深圳这个舞台上的演出好看。翻遍人类古今中外建城史，没有一个地方能有深圳这么传奇，这么出彩。

如果你对“深圳”稍有兴趣，不妨打开这本书，顺着时光隧道，看沧海桑田，看人来人往。舞台上锣鼓正紧，好多事，好多人，合奏成一出大戏。

又或者，早已沉睡的记忆因之触动，那你就合上书，微闭双眼，让身子埋进靠椅，沉浸于往事之中。

如何？

张新奇

2023 年 6 月 27 日

目 录

◎ 序　章　/ 001

◎ 第一章　决定中国命运的时刻　/ 029

◎ 第二章　血路　/ 037

◎ 第三章　觉醒之年　/ 107

◎ 第四章　十字路口的中国　/ 153

◎ 第五章　二次创业　/ 179

◎ 第六章　深圳，谁也无法抛弃　/ 215

◎ 第七章　手机寓言　/ 233

◎ 第八章　大特区　/ 261

◎ 第九章　未来之页　/ 285

序章

Preface

100 多年前，梁启超一定展开过一张世界地图，多次细细观察。他发现，广东珠江口背倚大陆，面朝海洋，俨如世界中心。沿海路，往东直达美洲；往北可抵韩国、日本，乃至北极；南行则经东南亚直至西亚、欧非，亦可往大洋洲，直达南极。似乎有某种说不清的预感，他挥笔写下《世界史上广东之位置》，认定珠江口“为世界交通之第一等孔道”，“广东非徒重于世界，抑且重于国中矣”。

法国年鉴学派史学大师布罗代尔在他的代表著作《十五至十八世纪的物质文明、经济和资本主义》中提到：“可能世界上没有一个地点在近距离和远距离的形势上比广州更优越。”这里的广州，当然也包括珠江口整个湾区。

他们似乎都觉得，
这个地方迟早要发生点什么。

远古先民

深圳位于北回归线以南，东经 113° 43′ 至 114° 38′，北纬 22° 24′ 至 22° 52′ 之间，地处广东南部，毗邻香港。东邻大亚湾和大鹏湾，西濒珠江口和伶仃洋，南边深圳河与香港相连，北部与东莞、惠州两城接壤。辽阔海域连接太平洋。

2003 年的一天，香港西贡黄地峒附近的海滩照例来了许多钓鱼人。有一名钓鱼爱好者曾经就读考古专业，毕业后改行经商。垂钓之时，他无意中发现海滩的石头有些异样，其形状不像是自然风化或海水侵蚀所形成的，似乎经过了人工打制，于是拍照发给香港考古学会的同学。

随后的考古发掘证实，这是一个距今 3.9 万年至 3.5 万年的旧石器时代晚期的石器制造场。这一重大考古发现，一下把香港地区人类活动的历史推到了 3 万多年前，考古学界称之为黄地峒遗址。

深圳与黄地峒不过数十公里之遥，或许不是 7000 年前，而是3万多年前的旧石器时代，远古先民就在这块土地上生育繁衍。

咸头岭遗址，一件陶器的阅读

咸头岭遗址位于深圳大鹏湾，背倚求水岭，与香港新界隔海相望。这里发现了新石器时代人类文化遗存，距今约 7000 年，被评为“2006 年度中国十大考古新发现”之一。咸头岭文化与北方著名的仰韶文化、长江中下游的河姆渡文化处于同一时期。也就是说，珠江文明的起源一点也不比黄河文明、长江文明晚。

咸头岭遗址发掘出土的大批文物，除打磨石器外，还有大量陶器。其中，修复的印纹白陶尊、白陶钵几件白陶制品尤为精美。

石器时代对人类来说，是何其漫长。一块石头，从粗糙的打制到精细的磨制，这个看似微不足道的变化，竟然经历了漫长的数百万年。这是一个脑容量缓慢增长的漫长故事，猴子的脑容量约为 300 毫升，而智人的脑容量则达到 1400 毫升。

陶器的出现可谓石破天惊。当这颗星球的古人类尝试制作第一件陶器时，天就亮了，那是人类文明一道刺眼的曙光。

1400 毫升脑容量的大脑开始复杂运算，在反复筛选中选取最合适的材料 —— 黏土。

已经进化为手的前肢对黏土反复淘洗，让黏土沉淀为可用的原料。

1400 毫升脑容量的大脑开始想象，预设一个自己需要的器形。对所有其他脑容量与体重比例过小的动物来说，这是不可能完成的复杂思维。

然后是烧制。

当第一件陶器烧制完成时，古人类对火的把控已达到一个新的高度——随后青铜时代来了，铁器时代来了，每踏上一级文明的阶梯，都是一次用火技巧的飞跃。

陶器的出现，距今不过20000年左右。陶器的兴盛，则在距今9000年至4000年之间。没有人能解释，中国的陶器、埃及的陶器、两河流域的陶器，乃至世界各地的陶器，为何产生于大致相同的时段。

咸头岭遗址出土的陶器带来了太多深圳先民的信息。

首先是深圳先民已经开始定居，近血缘的聚居逐渐形成村落，这正是城市的原始形态。

房屋也出现了，干栏式，以适应南方湿热多虫的天气环境。

定居意味着人们已把多余的猎物驯养成家畜，采集的野生种子用于耕种。咸头岭遗址陶器通常刻有水波纹饰，可见海洋也是他们获取食物的重要来源。

陶制纺轮的出土，标志着衣皮带茭的原始穿着已成为往事。按照沈从文先生对古服饰的研究，整幅织物拼合的贯头衣是先民最初着装的式样，上衣下裳的服饰要到商周以后才出现。

咸头岭遗址出土的陶器还带来深圳先民的一些什么信息呢？

在众多出土陶器中，有罕见的白陶。白陶用料考究，制作精美，通常用作重大祭祀礼器。也就是说，最初的祖先崇拜、鬼神崇拜已成为深圳先民精神生活的重要部分。

至殷商，白陶发展鼎盛，后世考古发掘贵族大墓时经常发现有白陶陪葬。伴随而来的信息是，人与人的差别，除了体格与智力，又多了一项重要指标——财富占有的多寡。

之后，人类生活的主线，基本是财富的占有、分配、再占有、再分配的历史。

咸头岭时期的深圳先民，在后来的中原文化中统称为百越。细分，则归为南越部族。

秦之变

如果我们考察岭南文化数千年的变迁，无法不把目光投向湖南广西交界的一个偏远县城。这个被称为“兴安”的小县境内，有一条长达34公里的运河，叫作灵渠。灵渠是世界水利史上的一大奇迹，发明了可使船只爬坡的斗门，也就是现代概念的船闸。

宋朝范成大在《桂海虞衡志》中有形象的描述：“渠绕兴安界，深不数尺，广丈余。六十里间置斗门三十六，土人但谓之斗。舟入一斗，则复闸斗，伺水积渐进，故能循崖而上，建瓴而下，千斛之舟亦可往来。治水巧妙，无如灵渠者。”

一条灵渠，沟通了中原的长江、岭南的珠江两大水系，带来了中原文化与岭南文化的大融合。这无疑是一个极为重要的历史节点。

灵渠自公元前214年通航，历经两千余年，始终是岭南与内地间重要的通道，直至民国后期，现代公路铁路逐渐发展，灵渠才渐趋没落。

公元前221年，秦并六国。又以屠睢为帅，率军50万，兵伐岭南。

南越有五岭之隔，山高林密，湿热难耐，道路不通，军粮补给无以为继。加之越民顽强抵抗，秦军损兵30万，屠睢也身死疆场。

公元前 219 年，秦始皇命监御史禄征调民工开凿灵渠。灵渠既通，军用补给畅行无阻。秦以任嚣为主将、赵佗为副将再伐南越，迅速占领岭南全境，随后设置南海、桂林、象三郡。深圳地区隶属南海郡。

秦定岭南，迁入大量中原移民，《资治通鉴》载："以谪徙民五十万人戍五岭，与越杂处。"这五十万移民当然是分布于广东、广西等广大地区。赵佗任南海郡尉时，向秦"求女无夫家者三万人，以为士卒衣补，秦皇帝可其万五千人"。

据西汉时期统计，公元 2 年，南海郡人口仅 94253 人。可以想见，其中外来人口何其之多。

秦之变，包括今深圳地区在内的岭南人文、习俗、文化也因之一变。最为根本的变化当然是文字，随着长江与珠江两大水系的沟通，南越部族渐渐融入中原汉语文化圈。

因盐而重

不知道造物主为什么要创造一种称为“盐”的东西，它给人类的生存带来了太多的麻烦与变数。

影响华夏民族历史走向的炎黄大战，就是为了这个东西。史学家张其昀在《中华五千年史》中称“黄帝克炎帝于阪泉，擒蚩尤于涿鹿，两者实为一事”，而“炎、黄血战，实为食盐而起”。战争起因，就是争夺山西省解县的盐池。史学大家钱穆也说，解县盐池是古代中国中原各部族共同争夺的一个目标。

《孔子家语》载诗歌《南风》，相传是舜帝在解县盐池边即兴而作。

食盐是一种奇怪的东西，人类生存不可或缺，又不可大量食用。这个特性，给当权者带来巨大的利润操作空间，又不致民不聊生。汉武帝时盐业由政府统一专营；唐安史之乱后，国库空虚，全国财政收入锐减。刘晏任中央盐铁使，财政收入迅速上升至 1200 万缗，其中盐税达 600 余万缗。“天下之赋，盐利居半，宫闱服御、军饷、百官禄俸，皆仰给焉。”

两千多年前，汉武帝在全国 27 个郡设立盐官。南海郡的盐官，就设在南头（今深圳南头古城一带），与粤西苍梧郡高要盐官遥遥相对。史籍称之为“东官”，南头一带，又称作东官盐场。

公元331年，晋成帝拆分南海郡，以东路盐官为名设立“东官郡”，下辖六县。宝安县县治及东官郡郡治均设在今南头。

史载，唐代广东地区“岁煮海取盐直四十万缗。市虔、吉米以赡安南，罢荆、洪等漕役，军食遂饶”。

宋朝时期，深圳地区盐业发展达到顶峰。当时深港地区有五大著名盐场，分别是：归德场（今深圳沙井一带）、东莞场（今深圳南头一带）、黄田场（今深圳西乡、宝安国际机场一带）、官富场（今香港九龙一带）和叠福场（今深圳葵涌一带，包括上村、下村和咸头岭，以前有“上盐仓”“下盐仓”之称）。

盐业一直为政府所控制，近乎军队管理。除了在村民中指派盐工，还起用一些刑罪之人。明代对煮盐的灶户实行灶籍管理，一旦成为灶户，子子孙孙不许从事其他行业。盐丁擅自改行或者逃亡，一律治罪。窝藏逃亡盐丁者，一律发充为灶户。灶户近若贱民。

宋代大词家柳永曾做过盐官。第一次来到煮盐现场时，他被自己看到的景象彻底震惊了。盐工光着膀子，身子和涂泥混在一起，蓬头垢面。时常有中暑昏倒者，被监工淋海水，醒来继续煮盐。盐工不仅有壮年人，甚至还有老人和孩子。柳永遂为之写下名篇《煮海歌》。

明代彭韶曾向皇帝进呈《恤灶图八咏》，陈述煮海盐民的艰辛，读之催人泪下。

深圳本地传有《盐丁叹》，云：“晒盐苦，晒盐苦，皮毛落尽空遗股。晒盐只望济吾贫，谁知抽羹无虚土。年年医得他人疮，心头肉尽应无补。公婆枵腹缺常餐，儿女遍身无全缕。”

人类历经的一切欢乐与悲伤，都如江河之水缓缓流去，但会固化进一件文物、一个古老的地名里，如同江水远去，河滩留下卵石。

深圳地区还留有众多关于制盐的地名。《新安县志》记有盐田圩、盐田村、盐寮下村、盐灶村、盐排村、上灶、下灶等，举不胜举。

最为人所熟知的地名当然是盐田了，这个地名应当取自元朝之后。元朝之前，海水制盐的方法主要是煮，到元末，出现了晒盐法。

崖山之后无中国乎？

陈寅恪先生曾言："华夏民族之文化，历数千载之演进，造极于赵宋之世。"发端于宋代的钢刃农具大大延长了农具的使用寿命，更大大提高了耕种效率。读范仲淹的诗文，可知宋代已使用轴承水车，苏东坡则歌颂过一种叫"秧马"的农具，也就是说，那时候已有插秧机。几乎每一个生产环节，宋代都有相应的工具发明，如耘荡、踏犁等。一些重要的农业技术都在宋代发明，如果木嫁接、果实套袋、人工孵化等。之后元、明、清三朝，皆无超越。

指南针早有发明，但用于航海，却始于宋代。这项技术的运用，才是人类大航海时代的发端。

秦汉以来，中国历朝多重农抑商。宋代后期，工商业收入远远高于农业收入，这在中国经济史上具有特别的意义，是资本主义萌芽的一个信号。

传说宋太祖立碑，"不得杀士大夫及上书言事之人"，"子孙有渝此誓者，天必殛之"。碑文内容，史学界尚有争论。没有争论的是，两宋是士大夫、言官最感宽松的朝代。

然而，宋朝国家经济强盛，老百姓分享的红利却不多。官吏腐败，以苛捐杂税盘剥百姓，连朱熹也叹道"古者刻剥之法，本朝皆备"。平民生存状况似乎是一个佐证，宋宁宗庆元三年（1197 年），大奚山爆发盐民起义，义军曾攻至广州城下，惊动朝野。历经数月，起义才得以平息。

这大概是“崖山之劫”最后的原因。“保国者，其君其臣，肉食者谋之”，老百姓大多成了看客。

这里的居民见证了大宋，一个王朝在十万臣民跟随幼年皇帝蹈海的壮烈中画上句号。随之而来的岂止是城头易帜，更是四维将裂，一座千年老宅轰然倒下。

这里是 8 岁宋帝赵昺最后的归宿。赤湾《赵氏族谱·帝昺玉牒》载：“后遗骸漂至赤湾，有群鸟遮其上。山下古寺老僧往海边巡视，忽见海中有遗骸漂荡，上有群鸟遮居，窃以异之。设法拯上，面色如生，服式不似常人，知是帝骸，乃礼葬于本山麓之阳。”

宋少帝陵位于今深圳南山区赤湾村少帝路，近赤湾公园。

少帝并不孤单。两宋战乱，遗民纷纷南迁，岭南再次迎来移民高潮。深圳南山望族郑氏，以及分居深圳各地的陈氏、邓氏、李氏、孙氏等大家族皆自两宋迁来，文天祥族人及其众多部属后人至今仍在深圳繁衍生息。

迁海之殇

自宋之后，历经元、明、清三朝，中国沿海地区居民最为惨痛的记忆莫过于“迁海”。这场人祸给深圳地区带来的灾难远胜王朝鼎革、江山易帜。

郑成功

郑成功之父郑芝龙，生于泉州，后投靠在澳门做海商的舅父，学得葡语、日语等多种语言，并成为天主教徒。郑芝龙帮其舅父押送货物辗转多地，流落于日本九州平户，靠街头卖鞋、代人缝补衣服糊口。《广阳杂记》载，一天，他把辛苦赚来的三钱缝进衣领，竟然丢失。彷徨于路，悲从心来，哭了。恰逢一日本姑娘路过，问其故，安慰道，男人的气度，应三百万钱也视同草芥，为三钱何以至此？两人因之有了交往。

这个日本姑娘，是平户藩士田川七左卫门之女，叫田川松，很快便成为郑芝龙的妻子。依靠岳父引荐，郑芝龙得以出入德川幕府，又与当时的大海商李旦相识，并成为李旦得力助手，两人情同父子。

其时，荷兰为海上霸主，称雄东南亚海域。郑芝龙因外语之长，获李旦委派代管台湾事务，与荷兰东印度公司舰队司令雷约兹周旋打交道，参与抢劫过往商船。至 1625 年，郑芝龙实力见长，成为台湾十八寨寨主，拥有船只 700 艘，最终击败荷兰、西班牙海上势力，取得从日本到东南亚的制海权，过往商船都需向他交纳保护费，一时富可敌国。

1646 年，南明隆武政权亡。清朝许以三省王爵招降，郑芝龙北上降清，后被杀于北京菜市口。

清军背诺杀入福建南安，留居南安的田川松不甘其辱，自尽而亡。《赐姓始末》载：“成功大恨，用夷法剖其母腹，出肠涤秽，重纳之以殓。”

郑成功重整海上武装，沿海痛击清军。1659 年，郑成功带领他庞大的舰队，从浙江沿海而上，攻占定海（今浙江舟山），全歼清军定海水师。随后浩浩荡荡，进入吴淞口，沿长江一直杀至南京城下。清廷一片惶恐，顺治一度打算挂帅亲征。

因贻误战机，郑成功未能一举拿下南京。

清军士兵多来自马上民族，面对海洋无可奈何。郑成功成其心头大患，清廷日日唯恐政权不保。

《迁海令》

1656 年 6 月，清廷颁布《禁海令》，严格禁止商、民船只私自入海，不许海上贸易，违令者就地正法；负责执行禁令的文武各官失察或不追缉，从重治罪；保甲不告发者，即行处死；沿海可停泊舟船的地方，处处严防，不许片帆入海；如有从海上登岸者，失职的防守官员以军法处置。

1661 年，清廷颁布《迁海令》，史载清廷派科尔坤、介山二大臣巡视广东，“令滨海民悉徙内地五十里，以绝接济台湾之患。于是麾兵折界，期三日尽夷其地，空其人民”。

当清兵开入新安县（今深圳地区）时，有些村民不知有《迁海令》，仍然下地耕种。

史载新安县迁海惨况：

令下即日，挈妻负子载道路，处其居室，放火焚烧，片石不留。民死过半，枕藉道涂。即一二能至内地者，俱无儋石之粮，饿殍已在目前。

康熙年间《新安县志》载：

及流离日久，养生无计，爰有夫弃其妻，父别其子，兄别弟。且为夫者哭而送其妻曰："汝且跟他人为婢，以免死。"为父及兄者，泣而命其子若弟曰："汝且佣工于他族，以养汝生。"时，豪民富客，常有不用赀买而拾养迁民子女者，奚啻千百焉！

至于壮年之民，散投各营，以图养口。其余乞食于异乡者，沿途皆是。辗转于道旁者，何处蔑有？又间有重廉耻者，行乞不忍，而又计无复出，遂自取毒草研水，举家同饮而没。上台及县长官俱日谋安插，但迁民多而界内地少，卒莫能救。

屈大均在《广东新语》中痛曰："自有粤东以来，生灵之祸，莫惨于此。"

两次迁海后，新安县被划到界外的土地占十之八九。几乎今深圳市的全境，加上香港地区的全境，都在被迁之列。县衙所在的南头古城仅留清兵守界，已无半点人间烟火之气了。

《漫游纪略》记曰："以予所睹，界外所弃，若县若卫所，城郭故址，断垣遗础，髑髅枯骨，隐现草间。粤俗乡村曰墟，惟存瓦砾；盐场曰漏，化为沮洳。"

自是，新安不成其县，归入东莞。

复界

自 1656 年始，迁海为祸近四十年之久。其间，有福建总督李率泰（曾任两广总督）和广东巡抚王来任以“尸谏”进言，终于引起了清廷的重视。

李率泰死前遗疏称：“臣前在粤，粤民尚有资生。近因奉旨迁移百姓，弃膏腴而为荒土，损楼阁而就茅檐。赤子苍头，啼饿在道；玉容粉面，丐食沿街，以至渐渐死亡，十不存八九。为今之计，虽不复其家室，万乞边界稍宽，俾各处村民，耕者自耕，渔者自渔，可以缓须臾之死，臣虽死亦瞑目矣。”

1669 年，郑成功已客死台湾多年，清廷准许新安展界复县。连同回迁人口，全县仅有 2172 人。

之后，清廷推出一系列垦荒优待措施，历经近半个世纪，至 1818 年，新安县人口达到 239115 人，较迁海复界前猛增百余倍之多。

历经迁海之变，此新安已非彼新安了。好比一场牌局，旧的一轮过去，新的一轮开始，牌已重新洗过了。大量客家人的迁入，带来不一样的口音、习俗，连住房的式样也别有不同。广府人、客家人彼此较劲、认同、融合，延续至今。

更为深刻的影响是无从言说的，迁海带来的闭关锁国注定关乎一个民族的走向。

罂粟花之战

鸦片

罂粟花在唐代从国外传入，主要用作观赏。后文人笔记中说，南京三山街当年就有罂粟花盆栽售卖。再就是药用，传说御医还拿来为明神宗制过壮阳药。罂粟被制成鸦片吸食，应当在烟草传入中国之后。

据吴晗考证，烟草于明朝晚期分三路传入中国，南路主要是珠江口，北路则经朝鲜进入辽东。《李朝仁祖实录》丙戌五月条记："九王（多尔衮）喜吸南草，又欲得良鹰。南草良鹰，并可入送。"清初达官贵人多染吞云吐雾之习，康熙说他出巡，常见大臣在帐中吸烟，虽禁不止，进而与鸦片混吸。

1793 年，英国派出七百多人的使团，借为乾隆祝寿，要求平等通商，被乾隆一口拒绝。这次访问，英国人发现中国官富民穷，吸食鸦片成风。"上流社会的人在家里沉溺于抽鸦片……广州道台在他最近颁布的一份公告中指出了吸食鸦片的种种坏处……可是，这位道台每天都从容不迫地吸食他的一份鸦片。"

贸易平衡

明朝张居正"一条鞭法"确定白银为官方货币。至晚清，白银流通长达 300 多年。海外贸易中，中国丝绸、瓷器、茶叶始终畅销欧亚，这些货物换回大量白银。1757 年后，清朝闭关锁国，仅开广州一口通商，并征收高额关税，英国的工业产品很难进入中国市场，由此造成巨大的贸易顺差。

乾隆不批准对等通商，英国人为改变白银大量外流的状况，转而与地方官员勾结，开始罪恶的鸦片贸易。

鸦片倾销改变了白银的流向，先前中国一直是白银流入国，自此，白银年年外流高达数百万两。

银子逐年减少，换来的是害多无益的鸦片。

禁烟

1839 年 3 月，林则徐奉旨到达广州。他要求运到中国境内的鸦片尽数缴官，并令所有外商写出保证，永不销售鸦片，一经查获，“货尽没官，人即正法”。

三天后，外商通过洋行代表伍秉鉴上缴鸦片一千余箱，约十万余斤。林则徐怒斥，要求外商将商船上的鸦片一并交出，并派兵封锁黄埔江面，包围外商居住的商馆。

英商务监督义律从澳门赶来，进入商馆后，也不得再自行出入。商馆顿成临时监狱，350 多名外商困于其中，饮食无以为继。最终迫令商人交出全部鸦片，总计 237 万斤。

这些鸦片的上缴，有程序上的微妙之处。鸦片非由商人直接交出，而是先交给义律，再由义律统一交给林则徐。这样，纠纷不是政府与商人，而是政府与政府之间的事了。

城下之盟

虎门销烟对中华民族来说，是反对帝国主义侵略的一个壮举，在举国衰颓的氛围中，大义凛然地表达出气节、期许与决心。

战争的到来，却是对陈腐糜烂、封闭自大的大清王朝的一次嘲讽。连睁眼看世界的林则徐都有误判，更别说清廷那些腐臣朽吏了。

林则徐奏书中认为英国无法从万里之远派兵来中国，甚至把英军走正步误判成“其腿足裹缠，结束紧密，屈伸皆所不便”，难以登岸作战。

1840 年 6 月，英国远征军司令懿律（义律的兄弟）率大小舰船 40 余艘，官兵 7000 余人，到达珠江口，鸦片战争爆发。

此后两年多时间里，英国舰队驰骋东南沿海，一度抵达天津大沽口，威胁京师。清军望风披靡，屡战屡败。

1842 年 6 月，英军舰队驶入长江，围困南京，进入中国心脏地带，切断交通动脉京杭大运河。

8 月 29 日，钦差大臣耆英登上英军旗舰“皋华丽”号，《南京条约》签订。

利洛舰长日记载，条约系洋纸书写，前为汉文，后为英文，“合定为一本，一样四本，各执二本”。

鸦片战争是一个历史的界碑，自此，中国近代史的第一页翻开了。

这一页最直观的图景发生在新安县，一个被称为香港岛的地方，自此割让给英国，不再归清廷管辖。

随着历史大书的页码翻动，1860 年签订《北京条约》，清廷再割九龙半岛南端及昂船洲。1898 年，清廷与英国签订《展拓香港界址专条》，英国租借深圳河以南新界地区 99 年。原属新安县 3076 平方公里的土地中，有 1055.61 平方公里脱离其管辖，深圳与香港从此划境分治。

1913 年，新安县复称宝安县，县治仍设在南头。

历史的大书随之翻到非同寻常的一页，1949。

1. 参见宝安县地方志编纂委员会:《宝安县志》，广东人民出版社，1997年；张黎明:《大转折：深圳1949》，深圳报业集团出版社，2019年。

1949年宝安县大事记并注[1]

阅读数千年中国历史年表，1949，这是一个非常特别的年份。1949年9月，尚称中华民国；1949年10月1日，中华人民共和国成立了。

1997年版《宝安县志》载：

民国38年（1949年）

1月，江南支队改称粤赣湘边纵队东江一支队，下辖7个团，2个独立营，1个教导队，兵员1万余人。三团驻东宝地区。同月，成立中共宝安地区委员会，张辉任书记。

江南支队，系1946年东江纵队主力北上后，活跃于东莞、宝安的中共地下组织及武装骨干，1948年整编为广东人民解放军江南支队。辽沈、淮海、平津三大战役结束，国民党兵败如山倒，残部纷纷南逃伶仃岛、万山群岛、海南岛和台湾岛等岛屿。中共香港分局决定，将东江纵队保留在粤赣湘边区的地下组织游击队整编为中国人民解放军粤赣湘边纵队，以消灭国民党反动政府的残余军事力量。1949年1月1日，粤赣湘边纵队在惠东县安墩镇黄沙村成立，边纵队司令部以及东江一支队司令部分别设在安墩镇黄沙小学和安墩镇大布村鹞子岭忠义堂。

2月，东江第一支队二团在惠阳将军坳活捉宝安县长陈树英。

2月，二团已活跃于惠阳众多地区。当月，驻欣乐乡武工队获得情报，国民党宝安县县长陈树英在惠阳开会，将于3月26日从惠阳返回南头。陈树英系广东军阀陈济棠侄子，到任宝安仅两个月。3月25日，二团团长李群芳亲率一个连，从深圳坪山、龙岗一带出发，连夜翻山，于次日清晨到达惠阳沥林镇，在公路山道拐弯处设伏。9时许，陈树英所乘客车到达，遂被二团擒获。

8月下旬，根据中共江南地委指示，成立中共宝安县委、宝安县人民政府，黄永光任县委书记兼县长。

8月29日至9月3日，中共宝安县委在乌石岩（今深圳宝安石岩）召开第一次委员会议。当时，县府所在地南头尚有国民党残部驻守。会议确定了宝安县干部配备，以迎接宝安全境解放。

中华人民共和国（1949年）

10月16日，县城南头解放。

南头城内，国民党宝安县政府译电员温巩章为中共情报人员。10月，温巩章保存了国民党宝安县各部门的档案，向边纵部队提供重要情报，南头国民党200多名守兵不断逃离，几乎已近空城。10月16日，黄永光率部兵临南头城下，温巩章和另一位潜伏的地下组织成员朱东岐分头引导队伍进城，未发一枪一弹，即在天主教堂国民党县政府所在地挂上了“宝安县人民政府”牌匾。

10月19日下午4点30分，宝深军事管制委员会主任刘汝琛率队接管深圳，宣告宝安陆地全部解放。

深圳墟紧邻香港，为重要门户。南头解放后，国民党武装溃散，所余税警、护路大队1000余名官兵也在中共地下组织策动下宣告起义。根据中央和南方局的指示，为避免边界冲突和国际纠纷，作出了我武装部队不进入宝安、平湖以南地区的规定。10月19日，下午4点25分，刘汝琛率领军管会成员100多人，脱下军装换上警察制服，胸佩徽章，以人民警察和文艺宣传队的名义，从布吉乘坐货运火车直落深圳镇，奉命接管深圳镇和九龙海关。香港《正报》专版报道：“7时30分，深圳各界人士在民乐戏院举行盛大欢迎会。刘汝琛在会上庄严宣布，深圳镇正式解放。”会后，文艺宣传队表演了《兄妹开荒》《红军回来了》等多个节目，引来大量群众前往观看。当日下午，深圳镇首任镇长陈虹带领50多名武装人员接收了国民党深圳镇公所，把“深圳镇人民政府”的牌子挂在深圳镇当铺“共和押”前门。深圳镇解放，香港媒体纷纷前来采访报道。英国《泰晤士报》驻港记者也对刘汝琛进行了专访，一时成为香港各大报刊头条新闻。

10月21日，九龙海关1134名员工宣布起义。

10月25日，县政府各科成立，设军事、财务、民政、财粮、文教、经建6个科。

10月30日，深圳镇和3个联乡办事处及10个乡人民政府成立。同日，全县7所中学、147所小学全部复课。

11月16日，两广纵队炮兵团解放大铲岛。

大铲岛，位于今广东省深圳市南山区蛇口西面的前海湾。状如铲，故名。面积近1平方公里，位于往来香港、内地的黄金水道上。光绪二十五年（1899年），清政府在大铲岛建立海关，迄今已过百年。1949年11月15日，两广纵队炮兵团团长袁庚派两个排组成战斗队攻打大铲岛。16日，俘虏敌军170人，其中少将参谋1人。当月，解放三门岛前夕，袁庚奉命调至中央军情部参加武官班受训。

是年，全县67200户，人口268310人（其中蚝民3680人）……农业总产值3757万元，工业总产值655万元（按1980年不变价折算）。

落马洲，一个诗人朦胧的泪眼

1979年3月16日上午，台湾诗人洛夫在余光中的陪同下前往与深圳一河之隔的落马洲。当时，落马洲山头薄雾缭绕，鹧鸪啼叫，声声扣人心弦。望远镜中，对岸河山隐约可见。

无限愁绪如风中乱发，诗人不能自已，写下广为传诵的《边界望乡》：

说着说着
我们就到了落马洲

雾正升起，我们在茫然中勒马四顾
手掌开始生汗
望远镜中扩大数十倍的乡愁
乱如风中的散发
当距离调整到令人心跳的程度
一座远山迎面飞来
把我撞成了
严重的内伤

病了病了
病得像山坡上那丛凋残的杜鹃
只剩下唯一的一朵
蹲在那块“禁止越界”的告示牌后面

咯血。而这时
一只白鹭从水田中惊起
飞越深圳
又猛然折了回来
而这时，鹧鸪以火发音
那冒烟的啼声
一句句
穿透异地三月的春寒
我被烧得双目尽赤，血脉偾张
你却竖起外衣的领子，回头问我
冷，还是
不冷？

惊蛰之后是春分
清明时节该不远了
我居然也听懂了广东的乡音
当雨水把莽莽大地
译成青色的语言
喏！你说，福田村再过去就是水围
故国的泥土，伸手可及
但我抓回来的仍是一掌冷雾

其实，诗人抓回的，何止一掌冷雾？是年，是月，深圳建市，还有一个宏大的春天故事，等待诗人抓回。

决定中国命运的时刻

The moment to decide China´s destiny

1978 关键词 真理标准

安徽

1977 年 6 月，刚到任的安徽省委第一书记万里深入农村调研。他先后赴芜湖、徽州、肥东、定远、凤阳等基层县市实地走访。一路所见所闻，令他彻夜难眠。他回忆，原来农民的生活水平这么低呵，吃不饱，穿不暖，住的房子不像房子。淮北、皖东有些穷村，门窗是泥土坯的，连桌子、凳子都是泥土坯的，找不到一件木制家具，真是家徒四壁呀。真的没想到，解放几十年了，不少农村还这么穷。

凤阳县有个前王生产队，十户人家，四户无门，三户没有水缸，五户没有桌子。队长史成德是复员军人，一家十口，只有一床旧被子，七个饭碗，筷子是树枝和秸秆做的。[1]

1. 参见田纪云：《万里：改革开放的大功臣》，《炎黄春秋》2006 年第 5 期。

广东

1979 年 1 月 16 日，时任广东省委书记吴南生回到他的家乡汕头传达十一届三中全会精神。

眼前的一切让吴南生震惊不已：那些他所熟悉的楼房残旧不堪，摇摇欲坠；街道两旁，到处都是用竹子搭起来的横七竖八的竹棚，里面住满了成千上万的男男女女。城市公共设施落后，道路不平，电灯不明，电话不灵，经常停电，夜里漆黑一片。市容环境卫生脏乱不堪，由于自来水管年久失修，下水道损坏严重，马路污水横流，有些人甚至把粪便往街上倒，臭气熏天。

汕头，“粤东之门户，华南之要冲”，当年何等辉煌。一百多年前，恩格斯就说它是“远东唯一一座具有商业色彩的”城市。20 世纪 30 年代，汕头有“小上海”之称。解放初期，汕头商业繁荣，它的经济条件和香港的差距并不大。然而，30 年过去了，香港成了亚洲“四小龙”之一，而汕头却满目凄凉。

吴南生说：“这比我们小孩子的时候还穷啊。如果有哪一个电影制片厂要拍摄国民党黑暗统治的镜头，就请到汕头来取背景。”[1]

1. 参见陈宏：《1979—2000 深圳重大决策和事件民间观察》，长江文艺出版社，2006 年。

中国

这不只是安徽、广东的情景。安徽农村就是中国农村的缩影。1978 年，农业部人民公社管理局的统计数字是，全国农民平均每人每年从集体分配到的收入仅有 74.67 元。

汕头也是中国大小城市的缩影。1978 年前后，人们的生活物资凭票供应，从吃的穿的到火柴、肥皂，无不用票证，吃肉称为“牙祭”。布票限每人 7 尺，做了上衣就做不了裤子。很多城市居民一家人挤在不足 20 平方米的狭小空间内，做饭需要到走廊上、院子里，条件好的才有多家共用厨房。

物质的贫困不能阻挡精神的富有。没有什么力量可以超越人类求生的本能。这种本能可以带来希冀、欲望、活力与躁动。那个年代的中国，街头迎面而来的行人，眼神中有一种前所未有的亮光。

小岗村

小岗村是凤阳县的一个生产队。1978 年，共 20 户 115 口人，过着“吃粮靠返销、用钱靠救济、生产靠贷款”的“三靠”生活。无论老幼，大多出远门讨过饭。

1978 年 11 月 24 日，严俊昌召集全队 18 户社员开会（还有 2 户乞讨在外），按手印画押，签下“生死契约”。契约写在从小孩作业本上撕下的格子纸上，有错别字，语句也有些不通顺：

> 我们分田到户，每户户主签字盖章。如以后能干，每户保证完成每户的全年上交和公粮不在（再）向国家伸手要钱要粮。如不成，我们干部作（坐）牢杀头也干（甘）心，大家社员也保证把我们的小孩养活到十八岁。

分田一年，小岗村没要国家返销粮，家家吃上了饱饭。

消息传到省里，万里闻讯赶到小岗村。直到临走时，汽车行至村头，万里仍不放心，再次招呼严俊昌过去说，如果有人查你，你就说我同意的，让你干五年。

1979 年，安徽出现百年一遇的特大干旱，全省大部分地区十个月未下雨，一场大饥荒迫在眉睫。在省委召开的紧急会议上，时任省委书记万里在会上说，我们不能眼看着大片土地撂荒，与其抛荒，不如把地“借给”农民个人耕种，多种“保命麦”以度灾荒。“借地度荒”的临时措施，很快变成了推行全国的土地包干制。随后，群众嘴里广泛流传一句话：要吃米，找万里。

宝安县

宝安县蛇口水产公司有一名职工叫欧阳东，他爱人也是水产公司的，夫妻俩能歌善舞，都是当地出名的文艺骨干。身边的亲朋好友大多先后逃去了香港，但他们没有动心。

一天，夫妻俩带两岁的儿子去码头玩。渔民顺手从船上拿了一瓶从香港带回的养乐多。这种内地没有过的饮料，让一个父亲看到了儿子从未有过的渴望。两岁的儿子把养乐多紧紧抓在手里，不让别人碰，自己戳开，一口一口地吸。那样的神态令为人父者百感交集。一个念头在那一瞬涌上心头：逃去香港。

“人人生而平等，造物者赋予他们若干不可剥夺的权利，其中包括生命权、自由权和追求幸福的权利。”追求幸福的权利是人类的原始本能，这种本能从来都是支配人类基本行为的洪荒之力。

1979 年 11 月 16 日，他历尽惊险从蛇口游到香港，爬上香港山头时，看见香港一片灯火辉煌，而身后，灯火寥寥。

北京

1978 年 11 月，中央工作会议在京西宾馆召开。原定的主要议题是如何把农业搞上去。第一会议室的主席台上，华国锋主持，邓小平当时正出访东南亚三国。

11 月 11 日，会议进入分组讨论阶段。

但是，历史在这一刻拐弯了。

11 月 11 日晚，那位喜欢评弹的中共老党员陈云回到他在朝内小街的家里。他走到办公桌边，在台历的背面写下了他的发言提纲。这是他的老习惯。然后他叫来夫人于若木，为他誊清这个提纲，字比较大，能让他看得更清楚一些。从 20 世纪 30 年代结婚始，为陈云誊抄文件就是于若木的工作之一。

11 月 12 日，东北组开会前十几分钟，陈云从会议室的北门进来。他披着大衣，拿着个皮包，走路很轻快，精神焕发。他走到西边，坐在前排最里边的位置。会议的主持人是杨勇，会议一开始，他看着破例带皮包来开会的陈云，知道他做了讲话的准备，就说："请陈云同志发言。"

陈云用他浓重的吴侬普通话一连讲了六个问题，例如要求平反彭德怀、陶铸、薄一波等重大冤案，要求平反"四五"悼念周总理的群体事件。

这六个问题完全偏离原定会议议题，如同在平静水面投下炸弹。简报一出，立刻引发热烈讨论。

11 月 13 日下午召开的第二次全体会议上，华国锋仍按照他原来的设想，宣布会议转入讨论农业问题，预计用 6 天时间。但大多数人不认同这个安排，依然围绕陈云提出的问题展开讨论，火力越来越猛。会议最终脱离了原来设定的轨道。

12月15日，长达36天的中央工作会议落下帷幕。

12月18日，北京大雪飞舞。中共十一届三中全会召开，会期仅5天。

会议决定把全党工作的着重点和全国人民的注意力转移到社会主义现代化建设上来。全会批判了“两个凡是”的错误方针，充分肯定了必须完整、准确地掌握毛泽东思想的科学体系，高度评价了关于真理标准问题的讨论，确定了解放思想、开动脑筋、实事求是、团结一致向前看的指导方针。全会在正确分析国内外形势的基础上，决定停止使用“以阶级斗争为纲”的口号，否定“无产阶级专政下继续革命”的错误理论。[1]

这些文字现在读来平淡无奇。现在，似乎很难想象，如果坚持以阶级斗争为纲，1978年后的中国会如何发展。

同样，1978年的所有中国人，谁也想象不出，如果把追求幸福的自由还给人民，追寻幸福的力量能把生活改变成什么样子。

这一年，一座将来被称为“深圳”的城市已孕育于母体，只等那一声响亮的啼哭了。

1. 参见张树军:《中国历史大转折：十一届三中全会实录》，深圳报业集团出版社，2008年；于光远:《改变中国的36天》，《中国新闻周刊》总393期；王伟群:《十一届三中全会前夕的中央工作会议》，《党建》2008年第12期。

血路

The difficult path

1979 关键词 血路

深圳河

深圳河正源为沙湾河，由东北向西南流入深圳湾，主流长37公里。河道最窄处不过2米，最宽的地方也不足80米。这本是一条再平常不过的小河。

1898年中英签订《展拓香港界址专条》，深圳河成了分界线。河北岸，有村镇罗芳、径肚、莲塘、长岭、深圳墟；南岸是香港的莲麻坑、新屋岭、老鼠岭、粉岭。至此，这条河就再也不会平常了。它注定要上演许多动人心魄的故事，希望与失望，悲情与惊喜。

罗芳村

二战之后，世界出现社会主义与资本主义两大阵营。在中国，那张铁幕就降落在窄窄的深圳河上。铁幕隔离着两个截然不同的世界：社会主义与资本主义，计划经济与市场经济。

但河两岸的农田却不像界碑那样清楚。双方村庄都有田地在河的对岸，常年需要过河播种、管理与收割。

罗芳村北倚罗芳山，南与香港隔河相望。历代村民都去深圳河对岸的香港新界打鼓岭耕种。农忙时不便回家，就在打鼓岭下搭一个草棚过夜，久而久之，打鼓岭下就形成了一个村庄，叫较寮村。20 世纪 50 年代之前，罗芳村与较寮村生活水平原本没什么差别，铁幕落下之后，两个村子的差别逐渐大了起来。到 1979 年，同样是种田，罗芳村人均年收入 134 元，而香港较寮村人均年收入 13000 元，相差近 100 倍。罗芳村的农家没有什么电器，电灯昏暗，还时常停电；较寮村的农家有罗芳村人家从来没有见过的冰箱、洗衣机，还有电视，天天开着，男女老少都能看。

当年的罗芳村村支书陈天乐讲，这边生活实在太苦，有个村民想把几个鸡蛋带到香港去卖，就将鸡蛋藏进牛耳朵里。过境时，苍蝇叮牛耳朵，牛头一甩，鸡蛋滚了出来。饭都吃不饱，谁不跑呢？罗芳村成了逃港大户，村民游过十几米宽的水面就走了。一个小村庄，逃往香港的先后有近千人。相邻的径肚村干脆逃空了，成了废墟，只剩一个名字。

督卒，扑网

整条深圳河以及邻近香港的海湾，如同柏林墙，逃港风潮此起彼伏。穿越铁幕的方式只有两种：“督卒”与“扑网”。

一是走水路，从宝安、蛇口一线水面，或是从靠惠州的大亚湾游往香港。因为怕群众逃港，潮汐时间被政府列为保密信息，如果没赶上顺潮，要么被淹死，要么被冲回原地。即使顺潮，也可能被巡逻军警发现，或者葬身鲨鱼之口。广东人把从水路逃往香港的行为形象地称为“督卒”，如同象棋中的过河卒子，有去无回。

二是从陆路走，被抓捕的风险更大。从梧桐山、沙头角一带翻越边防铁丝网到达香港，广东人称为“扑网”。一些逃港者还从动物园弄来老虎屎带在身上，以逃避警犬追捕。

逃港风潮给边境地区带来一种新职业，叫作“拉尸佬”。宝安县干拉尸的有 200 多人，每埋一具尸体可领 15 元补贴。多的时候，一天收入可达数百元。

其实，逃港早已发生，几次高潮发生在“反右运动”“三年困难时期”以及“文化大革命”期间。

1962 年 5 月前后，从各地涌向宝安县的民众扶老携幼，数以十万计。短短一个月，成功逃入香港的人数达 15 万。

1962 年 5 月 22 日，中央下令严密封关，遣送数万逃港者返回原籍。通往宝安等地的路口增设了关卡。去往边境县需要严格的手续，即使有证明文件，若搜查出干粮或可用于漂浮的东西，如单车内胎，甚至一定数量的乒乓球之类的物品，一律送收容所审查遣返。

1979 年 5 月 6 日，来自广东甚至外省的近十万人，黑压压地扑向深圳，不到半个小时，两个海防前哨就被人山人海“吞噬”。当时正值水稻插秧季，地里的农民一听到“边境开放”的谣言，脚都没洗，走出稻田，回家拖儿带女就往香港方向跑。为了堵截偷渡者冲关，香港差不多动用了当地警力的整个家底，出动了 7 架直升机、2 艘军舰、军警 4000 人，24 小时不间断地进行海陆空立体巡逻。

1979 年 1 月至 5 月，广东省共偷渡外逃 11.9 万多人，逃出 2.9 万多人。这一年的春夏之际，尽管派了军队，设立了 70 多个哨站，日夜加强巡逻，偷渡外逃的人依然如永不退潮的潮水，不断涌向边防哨卡。

1980 年，袁庚开办蛇口工业区时，逃港现象依然禁而不止，时有尸体被冲到岸边。一日，袁庚在海滩散步，看见几个年轻职工指着一些骷髅取乐，便怒吼让把尸骨埋掉。曾经的同龄人，为了生存，把命丢在这里。我们对生命要有一份敬畏。

这是我们的政策有问题

1977 年 11 月，邓小平考察广东。11 日，他在广州南湖宾馆会议室听取汇报。主管经济的广东省委副书记王全国谈到偷渡外逃的情况严重时，韦国清插话说，老百姓也有说法，我们生活太苦，河对岸经济发达。两边差距太大，留不住人。加派部队，也没解决问题。邓小平抽烟，久久一言未发，凝视窗外，最后才说“这是我们的政策有问题”“此事不是部队能够管得了的”。

把内地建设好，让他们跑回来

1978 年 7 月，习仲勋选择赴逃港最严重的宝安县考察。

行车途中，路过一片芦苇滩。习仲勋发现路边蹲着几个衣衫褴褛，像叫花子一样的农民，旁边还有荷枪实弹的民兵。于是挥手，停车，下去看看。

又抓了偷渡犯，绳子捆了，还拳打脚踢。习仲勋喝令民兵不准打人，又叫人把绳子解开。问偷渡农民为什么要跑，有个胆大的回答，你们天天开会说社会主义好，好在哪里？我们村跑出去的家属，家家盖新房子。

习仲勋听说宝安县党校举办了一个学习班，把全县逃港最严重的大队支书集中到那里学习，就立即赶去参加。

习仲勋问那些支书，我给你们粮食，村民还跑不跑？大家回答，照样跑。又问，逃港如何治？福永公社凤凰大队支书文富祥回答，治不了。宪法不是说居住自由吗？共产党不能说话不算数。

文富祥又说，习书记，你也是吃过苦的人，我才对你讲实话。共产党的政策再这样下去，人都会跑光。

水深是好意头，这是发大财的地方

1979年1月13日，广东省委向中央报告，宝安改县设市，拟建立具有国际水平的工农商品基地。3月5日，国务院批复同意。

深圳市委第一次常委会就市名问题展开研究讨论：叫宝安市好还是叫深圳市好？时任市委书记张勋甫认为，深圳比宝安在国际上的知名度高，不知道宝安的也知道有深圳；另外，知道深圳的外国人都明白这个地方离香港很近，就在罗湖口岸一带；同时，深圳有深水的意思，特别是广东、香港同胞认为水是好意头，是发大财的好地方。最终会议决定用“深圳”作为新市的名字，上报省和中央，经国务院批准后正式公布。

最初的想法是建 13 个先富区

张勋甫上任第一天，仍有不少人外逃香港。有本地人，也有外地人，一些外地人不熟悉边境情况，闹出了笑话：见了石龙的东江河，误以为是深圳河，纷纷往河里跳，还没到边境，就被抓了。

当时省委、市委对逃港问题有了进一步理解，除了抓，除了堵，更重要的是治本。只有把深圳建设好，让深圳人民先富起来，逃港问题才能从根本上得到解决。

市委和市革命委员会的同志请来香港五丰行经理、德信行经理、九龙海关关长、边检站站长和中国人民银行等单位负责人具体商量研究，决定在边境地区开辟出“先富区”，共 13 个社、镇，占全市社、镇总数的 47.8%，面积是 327 平方公里；并在 1979 年 3 月 6 日发布《关于发展边防经济的若干规定》，制定了鼓励先富的“十三条”措施，包括开展补偿贸易、来料加工等，让农民能多赚到钱。这是建立深圳市后解决逃港问题的第一个文件。

杀出一条血路来

1979 年 4 月 5 日至 28 日，中央工作会议在北京召开。其间，习仲勋、杨尚昆等人向中央领导汇报了广东的情况，并提出让中央给广东更大的自主权，允许广东参照亚洲“四小龙”和其他发达国家的成功经验，搞出口特区。当时，习仲勋等人的想法立即引来两种不同的态度。支持者认为要改革开放，就要有这样的力度。反对者则大泼冷水，甚至有人说，广东如果这样搞，那得在边界上拉起 7000 公里长的铁丝网，把广东与毗邻的几个省隔离开来。虽然有反对意见，但这个构想还是得到邓小平等许多中央领导的支持。邓小平还追溯陕甘宁的传统，说叫特区好，陕甘宁当年就叫特区。当谈到配套资金时，邓小平说："中央没有钱，可以给些政策，你们自己去搞，杀出一条血路来。"

差点只建 6 平方公里

1979 年 7 月 15 日，国务院正式通知，要求深圳市先划定特区的范围。在征求广大群众和干部的意见后，经市委研究，划定了特区的范围：东起揹仔角，西至南头，东西长 49 公里，北沿梧桐山、阳台山分水岭，南至深圳河，南北宽约 7 公里，总面积为 327.5 平方公里，也就是原先设想的"先富区"的那个范围。

深圳提出这个特区划定方案后，引起了一些人的反对，他们表示不理解：327.5 平方公里，那么大的特区，可是世界少有的呀。有一种意见认为，深圳市只要搞一个 6 平方公里、周围建高墙、全封闭式的加工区就行了。究竟是办一个面积仅有 6 平方公里的全封闭式加工区，还是办一个符合改革开放设想的特区？这个问题引起了激烈的争论。深圳市委认为，不能用全封闭式的加工区来充当邓小平同志所讲的"杀出一条血路来"的特区。

如何划分特区范围和定义发展模式？众人意见分歧较大。张勋甫专程到广州向省委领导习仲勋、王全国等人请示，并汇报了深圳市委的方案，省委初步同意了深圳市委的意见。后来这件事闹到了北京，中央马上派人前往深圳调查，市领导就领着调查组的人实地考察，并就深圳的未来规划向他们做了详细说明，同时也向调查组表达了深圳老百姓的心声。之后，中央正式下达文件，将特区范围明确了下来。

拿回几公斤名片

当时香港房地产价格昂贵，劳力不足且人工成本高，严重削弱了港商在国际市场的竞争力，迫使港商要寻找新的投资出路，找低价房地产和廉价劳力。而来深圳投资，恰好能满足港商的这些需求。深圳市委参照香港的税收，明确发布深圳的税收比香港还低两个百分点，这对外资而言，具有很大吸引力。深圳利用香港报纸刊登广告，招商引资。1979 年 3 月上旬，张勋甫召开座谈会，介绍深圳的建设规划，在香港引起轰动，来的人多得不得了，光递给张勋甫的名片就装了一大袋，足有好几公斤重。

读史：晚清香洲商埠

一百多年前，处于历史大变局中的清政府风雨飘摇。为了改革图存，清政府批准在澳门一侧的香山县建立“自由港”，“六十年无税商埠”。

时任两广总督张人骏在香山场与九洲环之间划出一块荒凉滩地，定名为“香洲商埠”。

国家出地出政策，华侨商人出资产，秀才王诜、归国华商伍于政率先筹得58万元开埠基金。

正式动工当日，锣鼓喧天，“强国之基”“利国利民”横幅四处悬挂，与会者多达万人之众。

香洲商埠照搬西方城市规划，修筑码头2座，马路宽达20米。街道井然有序，分有电车道、马车道、人行道，并设立邮局、学校、银行、医院、教堂、警局等，商铺多达1600间。最特别的是建造了众多两户一栋的小茅屋，用作“廉租房”，月租仅1元，以供外来劳工居住。

香洲商埠曾经一派繁华，交易兴旺，成为晚清的一个经济亮点。

令人叹息的是，这个中国历史上最早的“经济特区”有地利，有人和，却不假天时。好景仅两年，一场大火，千间商铺民房化为灰烬。后逢辛亥革命爆发，清政府倒台，中国由此陷入数十年的战乱。

值得一提的是，香洲商埠催生了一份法律文件——《开辟香洲商埠章程》。这个长达40章的章程，吸收了国外自由港的经验，对国际金融、股份制度、保险业务等现代事物都有涉及。尤其可贵的是提出商埠自治，实行民主制度，共谋公益。

袁庚

袁庚鼻子很大。讲话激动时，会把手指弯起来，使劲敲桌子。想问题时总是双眉紧锁，抬起头来，仰面朝天。袁庚是深圳人，1917 年出生于广东省宝安县，原名欧阳汝山。父亲是个海员，家境不算太差。6 岁读私塾，14 岁以第八名的成绩考入广东省广雅一中。1937 年“七七事变”，遂返回乡下。两年后任小学校长，同年加入共产党，随母姓改名袁更。解放初办出国护照，误写为袁庚，自此将错就错，改叫袁庚了。

抗战期间，袁庚追随曾生，在东江纵队从事革命活动。27 岁时任东江纵队联络处处长，负责情报工作。1945 年，被授予上校军衔，在香港弥敦道设立东江纵队驻港办事处，任主任。这个办事处便是新华社香港分社的前身。

日本投降后，他随东江纵队北撤，加入第三野战军，参加淮海战役，曾任炮兵团团长等职。

1950 年，抵达越南，任胡志明的情报顾问及炮兵顾问。

1952 年，外派印度尼西亚，任中国驻雅加达总领事馆领事。1955 年周恩来赴万隆参加著名的“亚非会议”，会议取得圆满成功。其间，袁庚负责信息联络工作。

解放后，袁庚主要在负责情报的中央调查部工作，曾任一局副局长。1963 年，被派往柬埔寨，参与侦破轰动一时的刺杀案件——“湘江案”。

1968 年，袁庚遭康生等一伙陷害入狱，之后被囚禁于秦城监狱长达五年之久。经周恩来多次亲自过问，后终获释。1975 年复职，调任交通部外事局负责人。

至此，也许连袁庚自己也不曾预料，花甲之年也是他精彩人生的新篇。

招商局

招商局，始名轮船招商局，由李鸿章奏报清廷后于 1872 年在上海创立。招商局为清廷官督民办的首家航运公司，也是中国第一家股份制公司，李鸿章亲任“董事长”，自言招商局为洋务运动以来“最得手文字”。鼎盛时期，在国内各大港口和日本的长崎、横滨、神户以及新加坡等处设立分局，股价大涨近三倍。从创办到 1884 年，累计核收轮船运费白银 1713.7 万两，而当时清政府每年的财政收入不过 8000 万两左右。招商局成立数年来，将外商独霸的中国航运利权收回了五分之三。

1875 年 11 月初，组建保险招商局，为中国人自办保险业之始。

同年，招商局请上海工部局技术协助，架设从总局至虹口码头的电缆。这是国内架设的第一条专用电话线。

1896 年 11 月，投资创设中国近代第一家自办银行——中国通商银行。

1951 年，香港招商局归中国人民轮船总公司领导，后隶属交通部。

1978 年 10 月，袁庚调任香港招商局常务副董事长。当时的电视机里，天天都是同样的镜头：从内地偷渡过去的男男女女戴着手铐，在绝望的神情中被遣返，看了让人欲哭无泪。当年的招商局在香港只有一个仓库、一幢小楼和一个很小的修船厂，总资产仅有 1.3 亿。袁庚执掌 14 年后，这个数字翻了 200 多倍。

袁庚到任后，就想找块地来扩大业务，但香港是弹丸之地，寸土寸金，以招商局当时的资金实力，很难找到一块像样的地皮。怎么办？袁庚注意到，招商局的船可以不经过任何检查，也不用办任何手续，直接进出香港码头。他灵机一动，马上想到能否在靠近香港的地方搞个基地，一来引进香港的资金、技术，二来促进内地的经济发展。找来找去，他觉得蛇口最合适。

蛇口

1978 年 12 月 26 日上午，招商局的“海燕 8 号”交通艇自香港中环码头驶向蛇口公社。那是一个温暖的冬日，能见度很高。

蛇口坐落在宝安县的南头半岛上，上颚有座山，下颚有座山，中间是个湾，看上去就像一条蛇昂着头，张着个大口，与香港新界的元朗隔海相望。在急驰的快艇上，袁庚举起望远镜定睛观察，发现对岸的蛇口没有一栋像样的房子，都是低矮的平房，破旧荒凉，与另一侧的元朗恍如两个世界。

交通艇在蛇口水产码头靠岸。所谓码头不过是半截残旧的突堤，艇上的人必须爬上三四格铁架梯子才能上岸。袁庚登上铁梯，站在突堤上，与前来接站的海关关员李发辉握手。李发辉左手拎着一个黑色公文包，这个公文包就是五脏俱全的“边防检查站”：验证，盖章，放行。袁庚、张振声、朱士秀、梁鸿坤、陈松、许康乐等人一一验核进关，踏上蛇口的土地。

邻近海湾的蛇口镇十分破旧，一条土路，两边是歪歪斜斜的旧平房，大约有十来家摆杂货的小店铺，满街一股鱼腥臭，绿头苍蝇嗡嗡乱飞。街头分外冷清，看不见一个青年男女，只有一些老人弱妇瑟缩在门前墙角，神色木然。

应公社书记郑锦平的邀请，他们在公社食堂共进午餐。说是食堂，却简陋得连张像样的椅子都没有，有的坐在旧木箱上。“对不住啦，”郑锦平说，“只能委屈袁董了。”袁庚挥手驱赶在头顶、桌前的苍蝇，笑呵呵地说：“客气什么？我们合作，蛇口会变的。”

眼前的蛇口，在袁庚的心里，完全是另一副样子，有香港的繁荣，夏威夷海滩的优美。他已为蛇口画好一幅近乎乌托邦的蓝图。

“就给你这个半岛吧”[1]

1979 年 1 月 31 日，9 点 30 分，一辆红旗牌轿车载着交通部副部长彭德清和袁庚，穿过长安街，前往中南海。10 时整，到达国务院副总理李先念的办公室。穿过走廊时，袁庚发现办公室门前的蜡梅开得正好。办公室里，谷牧副总理已先行到达。

袁庚汇报了招商局的情况，从文件夹里拿出一张香港地图，展开后细心地指着地图请李先念看，说：“我们想请中央大力支持，在蛇口划出一块地段，作为招商局工业区用地。”李先念仔细审视着地图，目光移到西北角广东新安地界上，从办公桌上的

1. 参见涂俏：《袁庚传》，海天出版社，2016 年。

笔筒里抽出一支铅笔，在地图上南头半岛的根部用力画了两笔，说：“就给你这个半岛吧。”彭德清和袁庚喜出望外，但他们没有要足足有 30 平方公里的南头半岛，只要了南头半岛南端的蛇口，这个只有 2.14 平方公里的地方。

蛇口第一爆[1]

1979 年 10 月 4 日上午 9 点，尖厉的警报声响起，整个蛇口进入警戒状态。所有人员撤离爆破现场一公里。警报声一停，指挥所里一片寂静，静得只能听见彼此的呼吸声和心跳声。指挥长李洪向副指挥长倪鹤安点了点头，倪鹤安右手拇指压在控制电雷管的电钮上，大声数“一、二”，当喊到“三”时，他用力按下了电钮。“嘭！”随着无比巨大的爆炸声，整个山头顿时被掀起，一股爆炸的巨浪冲天而去。爆破声惊动了毗邻的香港，震撼了中国，成为揭开深圳全面开发建设序幕的第一爆，也被人们称为中国改革开放的第一爆。

这一爆来之不易。1979 年 10 月 3 日，四队爆破工人装完第一轮炸药，在往炸洞回填泥土的时候，海面上突然变天，开始下起了暴雨。远处，海面上乌云滚滚，雷电交加，倾盆大雨一个劲地往海上和码头上浇；近处，山上狂风大作，暴雨欲来。对爆破作业来说，下雨是最可怕的预兆。10 多米井下的炸药和雷管一旦淋湿，变成哑炮，会带来巨大的安全隐患，后果不堪设想。然而，怪事出现了。暴雨突然在离爆破山头大概五六百米的地方停下来了，爆破山头居然滴雨未下。事后，大家议论，只怕是中

1. 参见涂俏：《袁庚传》，海天出版社，2016 年。

国人寻求变革的渴望与行为感动了老天，又或者是老天的一个提醒，改革开放的路程不会一帆风顺。

蛇口的惊天一爆，撼动的不只是南海一隅的土地，还有板结的体制、僵化的思想。

1980 热门词 招商

大暴雨

深圳建市之始，有两个方案，先开发罗湖还是先开发福田上步，争论激烈。会议是在一间临时搭建的铁皮房里召开的。市委常委中，有人指责先开发罗湖是“抛钱落水”，不如在那里搞农田建设。一些年轻气盛的工程师居然在会上与市委几个老干部拍桌争执起来。

一场大雨结束了这场争论。

1980 年 7 月 27 日，天气预报有雨，谁也没有想到雨势那么猛烈。天空原本晴好，突然乌云滚滚而来，只几秒光景，全黑了，恍如暗夜。随后狂风大作，大雨倾盆。雨不是下，而是砸，砸得污水横流的老街水花飞溅。积水迅速上涨，四处漂着垃圾纸屑，还有粪便。

新任市委书记吴南生来到新园招待所，看望参加深圳城市规划的专家。招待所已被大水淹到腰际，一楼客房连床板都漂了起来，专家呕心沥血完成的设计图纸有不少泡在水里。低洼地带到处是告急呼救声。吴南生在暴雨中卷起裤腿，在过膝的污水中找到副市长罗昌仁，急切地说，老罗，水都淹到屁股了，不把水治住，还搞什么特区建设。

这场大雨让吴南生他们认识到，工程师们的意见是对的，深圳要先开发罗湖。罗湖最靠近香港，是中国的“南大门”，治理好水患，才能吸引投资者。

12月8日，时任国家外国投资管理委员会副主任江泽民陪副总理谷牧到广东。在广东省委常委会上，江泽民发言说，深圳经济特区的建设要引起足够的重视。30年的南大门，一下雨就泡在水里。罗湖、文锦渡无论如何都要搞好。

率先开发罗湖成为共识。

只用几个月时间，挡在深圳火车站前的罗湖山被夷为平地，奔驰往返的工程车把低洼地填高了四米。罗湖车站前不到三米宽的土路，也铺出了深圳第一条宽阔的现代马路——建设路。

去新园三毫纸

那时候的深圳实在是荒凉。火车通了，但慢，从广州到深圳，往返需要一天。开汽车更慢，公路基本是砂石的，好几条河没有建桥，汽车靠渡船摆渡。深圳火车站其实只是个露天棚子。下车后最醒目的是那座数十米高的罗湖山。车站外是条高低不平的泥巴路，从车站到老街，还要穿过农田荒地，步行几里路。

1980年，从全国各地涌来了大批干部、投资商、建设者。火车站打破往日的安静，变得热闹喧哗。下车的干部、技术人员，都要去老街的新园招待所报到。新园招待所就是后来的迎宾馆，当时深圳市委没有办公楼，就在这里办公。投资的港客、外商，则要去老街的戏院洽谈，深圳市对外经济技术联络办公室（俗称“洽谈办”）就设在这里。

一门新兴生意由此诞生，当时叫“载客佬”。他们用旧单车载客，火车一到，拉客的声音此起彼伏，高喊“去新园三毫纸”。“三毫纸”指当时人民币三角。

深圳南海酒店、赛格大厦等多座地标设计者陈世民回忆，当年从香港到深圳，坐的是闷罐车，木板座位，设施简陋，颠簸到罗湖，车站像个破亭子。出站坐了一辆农民拉货的旧马车，两个车轱辘，马屁股后还吊个布袋接粪。

001 号协议

1978 年 12 月 18 日，深圳轻工工艺品进出口支公司、宝安县石岩公社上屋大队加工厂与香港怡高实业公司签订合作协议，开办石岩上屋热线圈厂，协议编号 001。这是深圳，也是全中国第一份“三来一补”协议。

这一天，2000 多公里外的北京，改变中国历史的十一届三中全会开幕。

这份协议来之不易。那个年头，资本主义被批得很“臭”，还定了标准，农民养鸡超过 5 只就是资本主义。上屋大队干部怕，害怕引进外资是帮资本家剥削，迟迟不敢做决定。最后投票，4∶3 通过。当年的大队委员叶福松说，我们是农民，生活在最底层，犯错误有什么好怕，错了无非还是当农民。外商承诺每年补贴村里 5000 元，这在当年是一笔巨款，改善生活，谁不希望？

1979 年春节，在石岩上屋热线圈厂打工的村民领到了第一份薪水，月工资 100 多元。这相当于当时农村中上等经济水平家庭一年的收入。

上屋大队开了头，外商蜂拥而至。当年落地深圳的来料加工企业超过 200 家。

2008 年 4 月 28 日，中国第一家劳务工博物馆开馆，馆址便是深圳石岩上屋热线圈厂旧址。

001 号协议的原件作为一个时代的见证，陈列在馆中。

洽谈办

20 世纪 80 年代初，老街以至整个深圳最好的建筑也就是深圳戏院了。洽谈办就设在戏院二楼的演员化妆间。当时的深圳海关，只要看到文件有洽谈办、外贸局两个图章，货物立即放行。

从东门老街到火车站是一条两三米宽的土路，要经过大片农田荒地，洽谈办的工作人员就到车站用单车把客人接过来。洽谈办副主任彭鹏回忆，来投资的港客、外商真是多，天天热闹得像赶集，连坐的椅子都不够。

深圳戏院是 60 年代初建的，老旧，漏水。遇上大雨，接待室里人多站不下，工作人员就撑把伞，一对一站在门口、街边面谈。

有天来了个香港人，穿条短裤，夹双拖鞋，一看不像有钱人。他说要投资 10 万，开厂加工手表带。彭鹏当场批准。事后，彭鹏说，投资 10 万做表带，能雇十个工人，这十个人有了正式工作，就不会逃港了。好事，干。

吴南生

吴南生，少有文才，未及束发，即有文章见于报端。好潮戏，曾亲为编剧。善书法，“师承”二王，又兼得明人大家笔意，自成一体。

逾弱冠，为政东北。时伪满洲国崩，清宫文物多散失于民间，国宝贱如敝菜。公痛之，遂搜罗。越数年，收藏渐丰，声名鹊起，谢稚柳、启功诸大家与之结为同好。

毕生所藏，晚年尽散。元画《平沙落雁图》捐汕头市博物馆，宋画《群峰晴雪图》捐广东省博物馆，皆为镇馆之宝。历年所赠，价值屡屡可以亿计。公戏言：暂得于己，快然自足。

公于唐诗，独有心得。李白“床前明月光”句，公解曰：此床非卧床，实井沿是也。古人居所，窗甚小，何以屋中望月？古之井沿宽大，宜纳凉闲聚，举头望月，别有意境。

要杀头，杀我好了

吴南生分明儒雅之士，却是中国改革开放一大猛人，有“孙悟空”之誉。

1979 年初，吴南生到久别的汕头传达十一届三中全会精神。重返故园，眼前一片破败，比他童年时还穷。他回忆，那段日子晚上睡不好觉，闭上眼睛就想，当年豁出命闹革命，可不是为了眼前这样一幅江山呵。他切身感受到，必须改变。

怎么改？在汕头，他开了许多座谈会，拜访了各界人士。一位老华侨对他说，你敢不敢办台湾那样的出口加工区？你敢不敢搞自由港？如果敢，那最快。看看亚洲“四小龙”经济怎么起飞的，你就知道怎么办了。一番话，如醍醐灌顶，吴南生脑子一下清晰了起来。

2 月 21 日深夜，吴南生正发高烧，但心情激动，迫不及待地向广东省委发了一份长达 1300 字的电报。他提出在汕头划出一块地方，彻底对外开放，引入市场经济，使封闭的中国进入世界经济大循环。

2 月 28 日下午，吴南生返回广州，当晚到习仲勋家里深谈。和盘托出改革构想后，吴南生义无反顾，说：“我愿意到汕头搞试验，如果要杀头，杀我好了。”

习仲勋把这个构想拿到广东省委讨论，得到一致通过。习仲勋当场表态：“要搞，全省都搞。马上起草意见，4 月中央工作会议，我带到北京。”

在上报中央的意见中，决定深圳、珠海、汕头先走一步，开办“贸易合作区”。这个名称最初改为“出口特区”，最后定名为“经济特区”。

只做不说

1979 年 9 月 20 日，谷牧受中央委托，到广东落实先行一步工作。谷牧说：“办特区，就看你们广东的了。你们要有点像孙悟空那样大闹天宫的精神，受条条框框束缚不行。”习仲勋当场说：“南生，你来当中国的孙悟空吧。”最终决定由吴南生负责广东三个特区的规划和筹建工作。1980 至 1981 年，吴南生兼任深圳市委第一书记、市革命委员会主任。

办特区，必然触动以往僵化的思想及很多人的既得利益。从中央到地方，疑虑很多，阻力巨大。谷牧在中央主持特区试验，也做好了身败名裂的心理准备。

吴南生则和周围的同事约法三章：只做不说，多做少说，做了再说。总之一句话，要在那些反对办特区的人糊里糊涂时就把经济搞上去，用既成事实说话。

吴南生说，别人明不明白我不知道，但我心里已经非常清楚，办特区，就是不要苏联模式的社会主义，不要自以为是的计划经济，走市场经济的新路。在当时，这些超前的认识不能说，只能做。

东湖丽苑

如今，位于罗湖爱国路的东湖丽苑显得那样老旧，每户五六十平方米大的房子，是早已淘汰的户型。没有电梯，爬楼全靠双腿。墙壁斑驳，四处可见水渍印痕。进门左侧围墙上，嵌有一块方形金字牌子，上书“深圳物业管理第一村”。

岂止是深圳物业管理第一村，东湖丽苑还是中国第一个商品房小区，也是第一个合资房地产项目。该楼盘销售一空，所得收入全部用于干部、居民宿舍建设。

这块牌子的分量太重了。它是一道历史分界线，也是深圳改革开放最具代表性的地标之一。

金饭碗

一个偏僻小镇，一下来了这么多人搞建设，住在哪里是一个大问题。时任深圳市房管局副局长骆锦星接到任务，必须在一年内建 150 套干部住房。

骆锦星回忆："当时我去找财政局局长，他问我要多少钱，我说起码要 500 万。局长说 5 万都难拿，哪里有 500 万？只给政策不给钱，你自己想办法。"当年整个深圳地区年财政收入不足 3000 万。

有个香港朋友跟骆锦星讲，你这是捧着金饭碗要饭，你看人家香港土地就是金，你不能把黄土变成金吗？在当时的内地，法律规定任何集体与个人不得转卖出租土地。任务压头的骆锦星在《列宁选集》第四卷找到了"尚方宝剑"，列宁说过，消灭土地私有制并不要求消灭地租，而是要求把地租——虽然是用改变过的形式——转交给社会。面对所有疑虑与指责，骆锦星就把列宁的话拿出来当"尚方宝剑"。

刘天就是第一批到深圳办"三来一补"企业的港商之一，从鞋厂到宾馆，先后在深圳投资八家企业。1979 年的一个冬日，香港妙丽集团董事长刘天就一早乘车来到深圳。等在车站的洽谈办副主任陈玉仁请他坐上单车，一路车轮溅起的尘土把香港贵宾的鞋子、裤子都弄脏了，弄得陈玉仁十分不好意思。

在深圳戏院洽谈办，骆锦星见到了刘天就。内地第一份与港资合作建房的协议就此签订。由深圳市政府出地，港商出资，合盖商品房小区，取名东湖丽苑。

刘天就将设计图纸连同协议拿到香港，只用三天，所有房屋销售一空。当年每平方米售价才1000多元人民币。

这份具有历史意义的协议如今存放在深圳市档案馆，手写的，双方连公章都没盖。

港商刘天就

深圳的改革开放历史，绕不开一个香港商人，他便是香港妙丽集团董事长刘天就。他是第一批来深圳办合资企业的人，比李嘉诚、霍英东都要早一步。

刘天就是早年香港的一个传奇。他生于上海，自幼穷困，禀赋有别于常人，有豪侠不拘俗规之气。20世纪40年代，二十出头的他即打拼成上海滩小大哥，开美国吉普出入街市。50年代到香港靠教开汽车起家，转做零售生意，首创会员制，创办妙丽公司。妙丽以廉价为宗旨，广告语宣称“唔平赔五倍”，由小店到超市，在香港零售业掀起“妙丽旋风”。李嘉诚做的塑料花也在妙丽超市销售。为了扩大知名度，刘天就还大手笔赞助香港的选美活动，推出“妙丽小姐”。今日的一些名媛富太，当年就是“妙丽小姐”出身。

历经二十多年发展，妙丽成为涉足多种产业的集团公司。旗下的《天天日报》，在香港弹丸之地，日发行量曾高达9万份；而妙丽鞋业，则是东南亚的皮鞋之王。

如日中天的妙丽于80年代中期遭遇债务危机，自此没落。刘天就晚年定居加拿大，专注慈善事业。

1981 流行词"炒鱿鱼"

4 分钱惊动中南海

当年的蛇口，急需新建一个 600 米长的顺岸码头，使运送建设物资的船只能够正常靠岸。工程开始得并不顺利，几百米远的距离，工人每人每天 8 小时只运二三十车土。计划经济的劳动用工制度是"铁饭碗"，有了工作，多干少干，工资照发。这样的进度让袁庚非常着急。为了提高效率，码头工程率先实行定额超产奖励制度，工人每日工作定额为运送 40 车土，超过定额的，每车奖励 4 分钱。

就是这 4 分钱，让工人积极性高涨，不等上班，一些人已经爬上汽车。一天运土，最多的能达到 130 车，工作时，连尿都憋着，不肯上厕所。工程进度成倍加快。一个月下来，有的工人能拿到奖金一百多块，是工资的一两倍。而码头建设不仅缩短了工期，还多创产值 130 多万元，工人的奖金只占多创产值的 2%。

超产奖励制度是市场经济的必然结果，却动了计划经济的奶酪，反对批评声不绝于耳。状告到北京，劳动部、交通部联合下文，声称追查"滥发奖金"。

一瓢冷水泼来，工地立刻死气沉沉，又恢复了"磨洋工"的老样子。码头建设遥遥无期。码头建不好，外资设备进不来，工业区还怎么招商？吃大锅饭那一套已经成了蛇口建设的一大障碍。

袁庚思考再三，一份题为《关于深圳市蛇口工业区码头工程停止实行超产奖，造成延误工期，影响外商投资建厂》的新华社内参送达总书记胡耀邦案头。总书记立即批示："看来我们有些部门并不搞真正的改革，而仍然靠做规定发号施令过日子，这怎么搞四个现代化呢？"

蛇口开风气之先，定额超产奖金制度随后在全国推行开来。

横站

开发蛇口，建设特区，是在充斥计划经济思维痼习的土地上搞市场经济，困难之多，阻力之大，连袁庚自己以及其他改革者都始料未及。袁庚选址蛇口，有人上告他为家乡谋私。袁庚租了个50平方米的居室，有人上告他在香港住豪华别墅。更严重的是指责他办租界，搞殖民地，卖国，文章都登到大报上，说蛇口搞资本主义，只剩下五星红旗还有红色。还传说某省一位领导干部看到蛇口的做法，回去趴在床上痛哭，说辛苦革命几十年，一夜回到解放前。

工业区的土地，必须"五通一平"才能招商引资。通水、通电、通车、通信、通航，没有一通不遇上拦路虎。袁庚说，蛇口不是真空地带，内地一切弊病，走后门、关系学、卡脖子、权力寻租，这里一点都不缺。工业区与105国道连接的公路，有人设置障碍，留下200米故意不修通。袁庚亲自上门，也不能解决问题，施工负责人不断勒索财物，层层加码。

当年通信全靠电话，蛇口仅有一台 20 世纪 30 年代的手摇机，打个长途，至少要等一个小时。没法通信，哪个外商会来？电话要通香港，广东邮电部门都无法解决，需要邮电部批准。袁庚到北京，邮电部一个处长冲他吼："你们申请专线，胆大包天。当年毛主席、中央军委定了只在北京、上海两个地方开专线！邮电是国家专控，关系到国家安全。"最后拿出方案，要蛇口出资 3000 万。而当时，采用全套香港设备，仅需 150 万人民币。

袁庚自嘲，他腹背受敌，满身箭伤，只能学习面对重重围攻的鲁迅，横着站了。他还说，大不了，再回秦城监狱去。

时间就是金钱，效率就是生命

从提出设想以来，袁庚一直在琢磨、思考，用几句什么样的话来概括创办蛇口的精神风貌，以及他秉持的理念呢？1981 年 3 月，他坐船从香港赶往蛇口，看着船舷边翻滚的波浪，想起初到香港的一件往事。当时招商局需要在香港购买一栋大楼，袁庚与卖主谈妥后，约定在星期五下午 2 时预付定金 2000 万港币。当天下午 2 时，袁庚准时到达律师楼，卖主也如期而至。但没想到，对方的汽车停在门外都没熄火，只待双方完成交易拿到支票后，就立即安排专人坐汽车直奔银行。原来，星期五下午 3 点之后银行下班，无法存入支票，卖主就要损失 2000 万港币的 3 天利息。袁庚深有感触，这样的事，在计划经济体制中是不可想象的。如电光石火，袁庚酝酿已久的思绪打开了一扇窗。他赶紧拿出笔，在颠簸摇晃的船上写下几句话："时间就是金钱，效率就是生命，顾客就是皇帝，安全就是法律，事事有人管，人人有事管。”

他内心有一些悲壮，事后与谷牧说：“写这几句话，我是准备戴资本主义帽子的。”

袁庚的预感没有错，“时间就是金钱，效率就是生命”这个标语牌几次在蛇口立起来，又几次被撤掉，引起轩然大波。有人斥责为拜金主义，说“袁庚除了要钱还要命，比资本家还毒”。

直到 1984 年邓小平考察深圳，这个口号之争才画上句号。

1984 年 2 月 24 日，邓小平在与中央领导谈话时说：“深圳的建设速度相当快……他们的口号是‘时间就是金钱，效率就是生命’。”

1984 年 10 月 1 日，中华人民共和国成立 35 周年的国庆庆典上，写有“时间就是金钱，效率就是生命”的蛇口工业区彩车驶过天安门。亿万人从电视屏幕中看到这个口号，从此，这个口号家喻户晓。

“炒鱿鱼”

罗湖区的竹园宾馆还在，如今在深圳，只是一家普通宾馆了。谁也看不出，在当年，这是深圳第一家装有空调的豪华宾馆。

建市之初，深圳仅有两家破旧的旅店，一家叫侨社，一家叫深圳旅店。厕所是公用的，大多房间连电风扇都没有。妙丽集团董事长刘天就到深圳来，无处可住，只好在合资鞋厂简陋的办公室桌子上睡了一夜。

对商机敏锐的刘天就很快与深圳市饮食服务公司签订合资建高档宾馆的协议。地点选在荒芜的大头岭下的一片竹林中，因而取名竹园宾馆。

谁知宾馆建成开业，矛盾重重，以致刘天就要求撤资。港商要求按国际酒店通行标准规范管理。客房必须每天清理，洗手间保洁后须喷香水，女服务员须化妆上班，所有工作人员对待旅客须笑脸相迎。这些做法遭到强烈抵制，女服务员涂口红被认为是资产阶级小姐作风，服务员挂胸牌对顾客微笑弯腰被称为低级趣味。宾馆经理带领服务员坚决与港商作斗争，规定女服务员不能抹口红、不能化妆、不能开展“微笑服务”。

港商对此非常头疼。习惯了“大锅饭”的员工，常常迟到早退，无故旷工，上班聊天不干活，但工资照发，一分不能少。

财贸办主任李定问刘天就，在香港碰到这种情况怎么办，刘天就回答三个字——“炒鱿鱼”。李定问什么是“炒鱿鱼”，刘天就说，鱿鱼下锅一炒，就会卷起来。香港人讲这三个字，就是卷铺盖走人。

刘天就提出解雇十五个员工，李定说能不能少一点。刘天就最后写了六个人名单，李定向市委请示后，同意。

名单张贴出去后如同捅了马蜂窝。有的员工是领导儿媳，还有各种关系户。批评电话不断，说社会主义开除职工，天大的笑话。还说这是严重的政治问题，要追查。

竹园宾馆的风波，倒逼了深圳第一次用工制度改革，开始打破了“铁饭碗”，与市场经济接轨。工资与效益挂钩，员工干不好可以辞退，干得好可以晋升为管理人员；管理人员也没有“铁饭碗”，干不好就去当员工，或者辞退。“炒鱿鱼”是双向的，员工对工作不满意，也可自行走人。

当年，竹园宾馆盈利63万，第二年150万，员工也获得成倍增长的报酬。

中央组织部为此派人来总结竹园宾馆的经验，将劳动用工市场化推向了全国。深圳市政府有关部门专门发文件，明确无论今后如何改制，竹园宾馆的名字不能改，因为它开了用工制度改革的先河，作为改革开放的一个重要地标，载入深圳改革开放史册。

拓荒牛

建市之始，市委领导一直想立一座雕塑，以彰显深圳精神。很多人想到了大鹏，深圳有“鹏城”之称，且大鹏展翅意头很好。

雕塑家潘鹤实地看过，思之再三，以为不妥。鹏鸟是要飞的，适宜放在山头或香蜜湖边，情景交融。但市委大院高楼环绕，大鹏置于其中，如鸟困笼中，失了原意。深圳原定市花为荷花，大鹏构想被否定后，想在市委院内做荷花雕塑，又被潘鹤否决。他认为，政府机关做这样的雕塑，有自比出淤泥而不染之嫌。

用什么表达深圳精神最贴切？这个问题在潘鹤心中挥之不去。一日黄昏，潘鹤去散步，走出招待所，路两旁的工地仍是一派繁忙。马达轰鸣，拖拉机、运土车来回奔驰，尘土飞扬。推土机正铲起泥土石头，还有树篼树根，缓慢，但充满力量。灵光乍现，潘鹤返回招待所，“拓荒牛”的构想就此完成。

雕塑预算交市委后，一位主管部门负责人说，怎么比买头真牛还贵？迟迟不肯拨款。潘鹤也不争辩，自己垫钱开了工。

一头粗犷、充满洪荒之力的牛，一个陈旧的老树篼构成了整件作品。这是一个艺术家对深圳精神的解读，这个解读引起广泛的共鸣。

雕塑底座刻有“孺子牛”三个小字，人们却更愿意叫它“拓荒牛”。

工程兵

深圳首批庞大的移民群体是来自东北、湖南等地的基建工程兵。这支部队在大裁军时撤销改编了，它的番号早已成为历史。

源源而来的军人多达两万多人，连同家属，远远超过四万。而当时深圳关内人口仅有两万。

这批深圳最早的建设者被称为“拓荒牛”。事实上，潘鹤的创作灵感，正是来自工程兵的施工场景。

没有现代施工设备的年代，深圳第一条公路建设路是他们铺好的，深南大道是他们肩挑手搬在乱石荒山上开通的。当年中国自己设计施工的深圳首座 20 层地标电子大厦是他们承建的，曾经的“内地第一高楼”53 层国贸大厦在他们的主持下创造了“三天一层楼”的“深圳速度”。

伴随深圳 40 多年建城史，他们转业组建的深圳市建设（集团）有限公司也成为以房地产、建筑为主，多元发展的大型企业。

竹子林

深南大道边的竹子林一派繁华，商场与高楼林立，很难让人联想到竹林的幽静。竹子林，一个地名里承载的是拓荒者沉甸甸的往事与记忆。

“眼前的深圳，杂草丛生，蚊虫飞舞；市区街道狭窄，房屋建筑破旧，大多数的街道都是土路，大载重车开不进去，比内地的许多县城水平差得远；当时最繁华的老东门，街道很短，点上一支烟还没有抽完，就从这头走到了那头；那时深圳最高的楼房，是深圳戏院和对面 5 层高的深圳旅店。”这是第一批到达深圳的工程兵战士留下的印象。

从火车站出来，沿途都是荒废的农田、贫瘠的石头山包。道路坑坑洼洼，装有建筑设备的军车，车轮时常在泥浆中空转。部队驻地当年叫黄竹垅，除了几口鱼塘，就是荆棘荒草，再就是满山的野竹。没有可住的地方，部队就地取材，用竹子搭起了营房。竹竿为梁，竹皮织墙，竹叶油毡盖顶。大家苦中作乐，戏称为竹林宾馆。黄竹垅这个老地名没人叫了，大家都把这里叫作竹子林。

竹棚营房白天酷热难耐，连电风扇都没有，很多人得了皮炎，皮肤红肿。夜晚蚊子成群，被叮咬之后奇痒难耐。每逢暴雨，室内水深没膝。1983 年特大台风，营房被连根拔起，锅碗瓢盆被吹得四处都是，衣服、蚊帐、被子被吹上了山坡。当时正修南头直升机场，没人顾得上私人物品，全都在暴雨中抢运水泥及建筑物资，当晚，所有官兵在雨中挨过一夜。

一位军医回忆，疏通罗湖排污水道时，设备不够，用脸盆挖运污泥，几个战士昏倒在涵洞里。修建电子大厦，一些战士在炽热太阳下吊在高空施工，一干几小时，下来浑身汗透。她曾看见一个战士跑到桶边饮水，探头到桶里连喝了好几分钟不肯离开。人能渴成那个样子，当时的场景，让她感慨终生。

不能在试办特区问题上开国际玩笑

吴南生晚年回忆："中央决定试办特区之后，海外的朋友对我说，你们中国是没有法的。无法可依，无规可循，要人家来投资，谁敢来呀？我感到当务之急就是要起草拟定一个由国家最高立法机构审议批准的有权威的法规。特区要同国际市场打交道，我们不能在试办特区问题上开国际玩笑。"最初来投资的，主要是从内地出去的港澳商人，去村社办厂，规模很小，欧美资本尚未进入。"可我在这方面一点也不懂，其他人也不懂，国内无法无天几十年了……怎么办？还得请海外朋友帮忙。当时主要是通过香港南洋商业银行董事长庄世平、香港《大公报》社长费彝民等老朋友收集世界各地出口加工区和自由贸易出口区的资料。我们对这些资料进行了分析研究，适用的就搬过来，要修改的就修改。"

仅仅两千多字的《广东省经济特区条例》，从起草到通过，花了整整一年时间，先后起草了 13 个文本。

1979 年 12 月 27 日，广东省五届人大二次会议审议并原则通过了这一条例。吴南生主张把这个条例交全国人大常委会讨论，有人反对，认为地方性法规，地方通过就行了。

但吴南生坚持："特区是中国的特区，不过是在广东办。社会主义搞特区是史无前例的，如果这个条例没有在全国人大常委会通过，正式授权，是无法创办的。""没有法律可依，不但投资者不敢来，对我们这些'冒险家'来说，什么工作都寸步难行，甚至'杀了头'还找不到可以平反的根据。"

1980 年 8 月 26 日，叶剑英委员长主持的第五届全国人大常委会第十五次会议也通过了这一条例。

短短两千多字的条例分为六章，二十六条。第一章《总则》，讲特区要做什么。第二章《注册和经营》，讲怎么做。第三章《优惠办法》，讲投资商能获得的优惠。第四章《劳动管理》，讲雇工按市场经济规律办，不搞计划经济惯有的"大锅饭"。第五章《组织管理》，讲特区政府为投资商提供哪些服务，并且保障投资人财产与人身不受侵犯。最后一章是《附则》，指明条例是全国人大常委会批准，具有法律的权威性。

人类作为群居动物，需要一个共同的游戏规则，才可能实现个体与集体能量最优释放与平衡，经济活动尤其如此。

《广东省经济特区条例》公布后，困扰着社会主义中国的偷渡外逃现象逐渐消失了。

1982 流行词 招标

往事，那年的深圳

1978 年 4 月的深圳，怒放的木棉花已经凋谢了。

路轨旁抛扔着死猪，绿头苍蝇嗡嗡飞舞；空气中弥漫着牲畜粪便和腐尸的混合臭气。我正在深圳笋岗北站检疫消毒库现场指导给排水工程施工。内地各省市通过铁路出口到香港的鲜活品先运到深圳，集中到笋岗北站编组检疫，再运过罗湖桥。运输途中发病或死亡的牲畜、变质的水果蔬菜要在这里检验清除……而那个时代，深圳还属边防禁区，不是随便什么人就能来的。

施工空暇去了趟沙头角：一条弯曲的石板窄街，路中间一块界碑，冷冷清清的。界碑不能越过，内地一侧仅有的两间店铺里摆放着极普通的日用杂货。

…………

笋岗北站施工现场十分简陋。睡觉休息的临时宿舍搭建在铁路边。三十几号人挤住在竹子席苇搭建的工棚里。双层铁架床，我选择住上铺，挂上蚊帐，钻进去，编制工程进程表、决算表，看书，睡觉。岭南的黑白花纹瘢蚊子格外厉害，被叮咬的部位红肿起疙瘩，痒疼难忍。还有讨嫌的苍蝇，工棚晾衣裳的绳子或灯绳上，随时会被苍蝇占据，那密密麻麻的情形让人浑身起鸡皮疙瘩。

晚饭后工友围坐在唯一的 19 寸电视机前，打发消磨时间。我则一个人躺在蚊帐里看书，不凑那个热闹。

这是王石在自传《道路与梦想：我与万科（1983—1999）》中记录的最初的深圳记忆。那一年，他 27 岁，住在一个建筑工棚里，枕头下的一本《大卫·科波菲尔》已被翻烂。

文化拓荒记

当年的深圳，除了一个陈旧的有线广播站外，全市几乎没有任何传媒工具，被人戏称为“文化沙漠”。

一天，时任宣传部部长李伟彦与同住在新园招待所的吴南生散步。吴南生说，特区需要办一张报纸，要有个宣传喉舌，你考虑考虑。

办报纸哪来钱？李伟彦陷入了窘境。李伟彦记得遇到困难时常说的三句话：“特区的牌子”“小镇的底子”“大家要想法子”。他终日脑子里搅的是“报纸，报纸”“怎么办，怎么办”。

那段时间，李伟彦同新华社驻深圳工作的雷力行、张洪斌同志去沙头角，晚上和他们睡在镇内一所小学的楼上，把教室桌子拼排起来作睡铺。这一晚，几个人望月抒怀，促膝谈心，话题自然讲到办报的压力。雷力行、张洪斌都是新闻行家，出了许多主意，并答应鼎力相助。李伟彦听了异常兴奋，彻夜未眠。

1980 年 11 月 15 日，市委常委会研究筹办报纸，决定先办试刊，委托香港《文汇报》社印刷，印刷费用由市财政解决。报纸的名字也选定了，就叫《深圳特区报》。吴南生让李伟彦去广州请秦咢生书写“深圳特区报”的报头，秦咢生便写了两种字体，魏碑体和行楷体。许多人觉得魏碑体遒劲有力，更能体现当时创业的那种坚韧不拔的精神。

几番请示，宣传部申请到了 3000 元开办费，用作购买文具及其他的费用，还领到一辆单车。当时四处都是工地，每次外出回来，车上满是黄泥。

来自新华社的资深新闻人张洪斌任总编辑，连同宣传部新闻科几名干部，拉起了一个班子。

办公点最初在蔡屋围宝安县委旁的一间十多平方米的木板房里，四壁很高，有点像乡下的谷仓。摆上几张旧办公桌，还有几条木长凳，这里便成了张洪斌的指挥部。

深圳的夏季漫长，蚊子特别多，连电扇都稀缺。张洪斌有个习惯，他常爬到床上，窝在蚊帐里看稿写东西。夏天闷热难耐，蚊帐里还吊一个电灯，实在热得不行就钻出来透口气，打盆水洗洗脸。加班到深夜，骑单车回新园招待所，年过半百，还要爬铁门翻墙才能进到住房。

后来人多了，搬到通心岭第十一幢宿舍楼，还是拥挤，只好在楼后搭铁皮屋办公。连电风扇都没有，坐在里面大汗淋漓。一些男同志只能脱掉衣服，穿一条裤衩，趴在破桌上写稿，领导只好让女职员回家工作。

1981 年 6 月 5 日，《深圳特区报》试刊版样送到香港《文汇报》社，先印刷了 50 份。报纸对开四版，考虑到对香港、澳门的影响，采用竖排，繁体字，彩印。张洪斌拿到样报，当即飞往北京，给正在参加中央特区工作会议的谷牧、任仲夷、吴南生等领导审阅。当晚 8 点，张洪斌急电，“北京领导同志看了第一张报纸，一致认可，同意印行！”这消息第一时间传给分管宣传的深圳市领导，再转给香港《文汇报》社。此时已是深夜，一直守候在印刷机旁的报社员工欢呼雀跃，当即开机印刷 8 万份，迅速打包上车，运往深圳。

1982年5月24日，《深圳特区报》正式创刊发行。它的诞生地是通心岭第十一幢宿舍楼以及那间简陋的铁皮房。

现在这份对开四版的创刊号已是珍贵的收藏品，而《深圳特区报》的影响至今仍在继续。

“深圳速度”的起点

罗湖区嘉宾路与人民路交会处，有一座21层高的楼房，在现代高楼环绕之中显得那样老旧。这就是国际商业大厦，也是“深圳速度”的起点。有人说，正是国商大厦创造的五天一层楼建设速度，才激发出后来国贸大厦三天一层楼的“深圳速度”。

1981年，深圳市委决定在罗湖建立一栋高楼，以加大吸引外资的力度。办法是政府出地，外商出资。依照计划经济的惯例，大厦由主管部门指定交给一家省国营建筑公司承建。

工程推进很不顺利。首先是造价，该公司提出每平方米造价需要500元，过了两天又改口需要550元，没过几天再次提高至580元。不到一个星期涨价三次，还要求提供基建材料的供应指标，以及钢筋、木材和其他特殊材料。工地闲了近两个月，青草长得淹没了膝盖，还不见施工队进场。

市委急了，开会研究。当时蛇口已有打破大锅饭，实行承包制的尝试，于是决定公开招标，并实施重奖重罚——工期提前一天奖励港币1万元，耽误一天则罚款港币1万元。这一举动，开了新中国成立以来全国建筑工程公开招标之先河。消息一经传出，立即在市场上引起极大的轰动，包括港商在内的十余家建筑公司前来竞标。最终，中国一冶以“每平方米398元的造价，工期一年半”的报价胜出。

中标了，一冶“压力山大”。尽管从国外引进两台百米附墙吊和混凝土输送泵等先进施工机械，工程进度仍十分缓慢，算下来，两年也完不成建设任务，罚款将以百万计。

1982年3月1日，一冶破釜沉舟，打破原有施工队建制，实行“四包一奖”，即“包工期、包质量、包安全、包节约，完成指标有奖”的经济承包责任制。

顿时，工地喊起了“时间就是金钱，效率就是生命”的口号。把每个人追求幸福的基本权利具体落实好，奇迹就诞生了。

当月，北楼、东楼的施工队干出了八天一层楼的好成绩。6月达到六天一层楼，最终创下五天一层楼的建设速度纪录。

1983年4月，国商大厦提前94天完工，质量全优。副市长罗昌仁向一冶颁发94万港元奖金。

1984年1月24日下午4时40分，邓小平同志站在国商大厦顶楼天台，远望四处施工的火热场面，回头对陪同的市委领导说：“都看清楚了。”

沙头角故事

1

三百多年前，清政府废除《迁海令》，荒芜已久的沙头角一带才渐有人迹。最先迁来的是一户吴姓客家人。

吴氏起源于河北沧州一带，历经数代南迁，至大埔，再至博罗，其中一支迁入沙头角地区，于康熙年间定居在新界山咀村。随着人口增长，山咀村分出一支迁至沙栏吓村，开村始祖为吴氏第八十八代后人吴尚儒。沙栏吓村即位于深圳盐田沙头角。

因近海，客家吴氏耕作兼而捕鱼，信奉妈祖，建有天后庙。

至清道光年间，移民渐增。沙头角横头街形成墟市，名字十分洋气，称东方和平市场，简称东和墟。逢农历一、四、七日为墟日。

东和墟最旺时月货物吞吐量近三百吨。每天都有海鲜、大米、食盐等物资运至 11 公里远的深圳，送货的多是本地客家妇女。

2

1898 年，中英签订《展拓香港界址专条》。1899 年 3 月，双方完成了对新界东北部的划界，在因改道而干涸的沙头河河床上插上了“大清国新安县界”的界桩。界桩把沙头角一分为二，形成了英界沙头角和华界沙头角的格局。乡民在这条干涸的河床两边建屋，逐渐有了中英街。

立了界碑，沙头角两边居民生活未受明显影响，双方往来如常。这里也成为内地较早接受工业文明影响的地区之一。

1899 年，电报线连接到镇上，随后通了电话，有了电灯。此时，一些商铺开始经营洋货，如洋布、煤油、火柴之类，还有西医馆、理发店等时尚铺面。1912 年，火车也从香港粉岭通到沙头角。后来建了公路，往来便捷，火车遂停运。

1848—1852 年，巴色会传教士韩山明、黎力基、韦永福三位牧师先后从香港来到沙头角传教，在镇内天后宫附近建有一座西式教堂，形成沙头角建筑中西合璧的独特风景。

3

中英街，原名鹭鸶径，是一条新界沙头角火车站连接内地的麻石路。民国初年，界桩两侧的鹭鸶径荒地上陆续建屋开店，先后有“东源泰”杂货、“东和隆”米行、“茂生堂”药店等。新界禾坑村人李新昶从4号界碑旁的榕树开始至5号界碑处，投资建了一排两层高的骑楼。这排骑楼具有典型的南洋建筑风格，一、二层均设有连廊，女儿墙采用罗马柱装饰。骑楼临街一段起名叫“猷昶街”，成为中英街最早出现且保持至今的骑楼。

至此，一条长约250米，宽不足4米的中英街逐渐形成。鹭鸶径的麻石路也改成水泥路。

1937年9月2日，沙头角遭遇百年不遇的台风，恰逢涨潮，引发海啸，一些地方海浪高达9米。码头、道路、房屋尽遭破坏，死亡多达数百人，随后暴发瘟疫。东和墟惨遭摧毁，之后未加重建，只剩一口古井。残余店铺转开至界碑一侧，地点靠近边界，更便于做生意，带旺了香港沙头角墟。

1951年2月15日，广东省将沙头角边境地区列为边防区。1951年5月25日，港英当局宣布，在港深边界实行宵禁。整个冷战期间，中英街如同德国柏林墙，分隔两种社会制度，成为人类重要历史时期的一个地标与共同记忆。

4

中英街是深圳距离香港最近最便捷的通道，一抬脚就过去了，逃港现象严重。当时沙头角一个大队逃出去的多达2400人。

一些外地人也取道横跨新界和深圳的梧桐山，经过沙头角、粉岭等地逃往香港。仅 1962 年 5 月 2 日，从沙头角边防检查站就冲过去一百多人，两地同时出动大批军警，围堵拖儿带女蜂拥而来的逃港人潮。

“文化大革命”期间，很多逃港乡民思家心切却又不敢回来探亲，怎么办？他们就约好时间到沙头角桥头，隔着河与家人喊话。沙头角河并不宽，二三十米，说话声音大一些都可以听见。虽然喊话的内容都是些日常问候互报平安，或者家里人苦不苦、孩子好不好之类的家长里短，但是有喊的有哭的，那种场面确实很震撼人。这就是沙头角老人无法忘记的“界河会”。

5

新中国成立后，有人建了“沙头角日用百货商店”，后“公私合营”，最终收归国有，改名为“沙头角综合商店”。由于沙头角特殊的地理位置，时有港客购物，特许商店经营外贸生意，成为深圳最早的外贸窗口。

1982 年，时任深圳市财贸办主任李定到沙头角考察，发现中英街两边的商店是面对面开的。香港那边的商店里琳琅满目，品类十分丰富，而且从早到晚，经营时间很长，服务态度好，天天能听到那边的叫卖声。深圳这边的商店是国营的，问题严重：早上 9 点上班，10 点打扫卫生，中午吃饭，下午 2 点才开门营业，无论是商品花式品种还是经营特色、经济效益，根本无法与对面相比。他征得市委领导的同意，依照港方做法改革综合商店经营模式，招聘总经理。公告称若年利润由 88 万元提高到 600 万元，总经理月工资由 50 元提高到 350 元（含工资和奖金），服务员工资从 35 元提高到 200 元、250 元。结果，新任经理只是照搬港商模式，第一个月，沙头角综合商店就上交了 70 万元，一个月就接近过去一年赚的钱。这一改，面貌大变，之后建起了沙头角最高最大的商场，有的职工月收入达 350 元。当时的市委书记说，我这个市委书记工资才 100 多元，小平同志才 300 元，工人的收入比中央领导都高。李定回答，职工是拿了几百元，但市里财政拿了几百万，你干不干？市委书记大笑，干。

6

深圳建立经济特区之初，逐步开放了沙头角旅游，这里能买到见所未见的外国商品，而且价格低廉。中英街以其特殊位置，吸引了大批长期困缩在计划经济体制下的内地人，更重要的是他们对香港资本主义花花世界充满了好奇。

一种叫味素的白色粉末居然能改变菜肴的味道；养乐多简直成了资本主义奢侈食品的代名词，这种来自日本的乳酸菌饮料几乎让每一个喝到的孩子爱不释手；很多人第一次尝到了方便面的味道，自此挥之不去；丝袜、香皂、洗发水、护发素、电子表、收录机，从这里源源不断销往内地，使得那些贫穷落后的县城开始有了香波的气味，也有了邓丽君的歌声。丝袜、港衫是 40 年前最初流行的时尚。还有来自中英街的旧西装，上面常常留有原主人刺绣的名字，这些面料做工精美的二手西服改变了当年男性千篇一律的服装款式。

中英街历经十年繁华，创造了神话，每天有数万人涌向这条仅仅 200 多米长的街道，逢节假日，单日人数曾超过 10 万。一大早，沙头角海关楼下就站满黑压压的人群，进关排队通常要几个小时。

进入中英街，可见严禁越界的告示。但长期遭受计划经济制约的内地购物大军，早已进入了“疯狂购物”的忘我境界，根本顾不上街区上的“界碑”和警示牌。不少人趁机跑到香港一侧的店铺购物，并迅速把购物袋丢回对面，另有人站在对面配合，抓起购物袋迅速离开。人头攒动的顾客忙于抢购，没有人会问价钱。每个店员脚边摆一个大布袋，收钱往里扔，老板则忙得数钱的时间都没有。中英街的商铺一家挨一家，仅金店就有几十家，1988 年 5—10 月的一份统计显示，光卖出的黄金首饰就多达 5 吨。这一时期，在中英街上租一个不足两平方米的条柜做生意，平均月租是 3 万元，最佳位置爆出过月租 6 万元的天价。日本的零售巨头八佰伴也来联营，引进当年最先进的经营模式，装了电梯和监控。

7

历经十年，中英街人潮渐退。衰落的起因似乎是 1997 年媒体报道揭露中英街一些商铺贩卖假货。进价 6 元的假金饰品，卖 1500 元，进价 200 元的假劳力士表卖到 3 万。一时舆论哗然，中英街信誉一落千丈。

风光一时的谢瑞麟金店，火爆时月销售额达 1300 万元，1997 年后一路下落，到 2004 年仅为 43 万元，只得关门了事。其他店铺可想而知。游客少的时候，一天才几十百来人，昔日繁华不再。

更重要的背景当然是香港回归。之后自由行开放，中国已逐渐融入世界经济大循环，当年内地人对资本主义花花世界的那点好奇心早已荡然无存。

1983 热门词 暂住证

关内关外

1982 年始，一道铁丝网如同铁幕落下，将深圳分割成两个世界。

这条特区管理线东起大鹏湾畔揹仔角，西到南头后海安乐村，计有 16 个陆路关口，1 个水上关口，全长 84.6 公里，由 2.8 米高的铁丝网和沿途的巡逻公路构成了一道“二线关”。

当年，仅是一网之隔的关外宝安与内地县城没有差别，建筑老旧，连路灯都没有，入夜一片漆黑。居民购物，主要是去路边几排铁皮棚子。

关内建设一片火热，一栋接一栋高楼矗立，街头霓虹灯闪烁，商场有来自世界各地的时尚产品，从味素、丝袜到收录机；人们的味蕾也开始在这里发生微妙的改变，从肯德基、麦当劳之类的洋快餐到百事可乐、可口可乐之类的洋饮料。

在那个年代，对物资匮乏、闭目塞听的内地人来说，这块圈起来的经济特区充满诱惑，是金钱、机遇、梦想，满足每个人基本生存欲望的光明之地。

当年，即使在首都北京，办理一个进入深圳的边防证，申请手续也非常复杂。要单位政审，派出所核查，居委会同意，先后盖四五个公章，才能到公安局办证。如果是在偏僻的乡村，那就更是难上加难了。

二线关通关，每天从各个关口进出的人数以百万计，常常要排队等上几个小时。内外勾结的带路党在拥挤的队伍边高喊“十元快速通关”，当时的十元不是小钱。临到夜晚，关口总有大片无法入关的人群在空地河滩露宿。

如同翻越柏林墙，蜷缩进行李箱，扒在货车顶，“偷渡”方式无奇不有。

暂住证

进了关，那一代深圳人挥之不去的记忆是暂住证。一张暂住证，收费高达360元，相当于当年普工一到两个月工资。更麻烦的是，一张使用期限仅仅一年的暂住证从申请到办好要盖11个公章，历时将近四个月。

深圳是世界建城史上的奇迹，人口从最初的30万，以每3～5年增长100万的速度飞速发展。如此巨量的暂住证也催生出一条庞大的利益链。一些有暂住证指标的单位和企业，倒卖指标牟利。代办暂住证也成为一个新兴职业，幕后当然是内外勾结。在利益驱使下，“治安仔”也活跃起来，行人在街上一天会碰到多次暂住证检查，随时可能被抓上汽车送往收容所。没有暂住证，交50元也可放行。很多人不敢出门，一查暂住证就东躲西藏，屋顶躲过，鱼塘边、芭蕉林里也躲过。即使在家里，半夜也会有人砰砰敲门，手电照在脸上，检查证件。一位潮汕成功人士回忆，每次听到敲门，他的母亲就吓得双腿发抖，钻进厕所，对着随身带的一尊菩萨磕头。

“深宝安”

1982年，被撤销的宝安县建制宣布恢复，整个深圳关外地区称为宝安县。原来的县政府所在地已属关内，深圳市政府拨出1000万元要求宝安县在西乡建一个新的县城。1000万怎么建县城？县政府分析了宝安当时的情况后，批准成立宝安县联合投资公司，由县政府办公室副主任曾汉雄负责筹建。

公司成立之初，县委明确表态，只给政策不给钱。曾汉雄和他的同事参照香港股份公司的做法，大胆提出向群众集资。

1983年7月，由深圳市宝安县联合投资公司（简称“深宝安”）向社会公开发行“原始股”，每股人民币10元。

为了消除群众的顾虑，县委决定由财政拨款200万元投入公司，占20%的股份，其余800万元公开向社会募股。县财政局出面担保，不管投资公司将来经营情况如何，所发股票保证偿还，并支付银行利息。与此同时，县政府为股票发行专门召集区、乡、村三级干部开动员大会，要求干部带头入股，作为任务摊派。干部都入了股，群众的顾虑基本上打消了，首期集资1300万元，大大超出了原计划。曾汉雄又从香港亲友那里取来股票样板，请有关人员设计了新中国第一张股票票面。票面中一只大鹏在空中展翅翱翔，象征宝安县联合投资公司的事业蒸蒸日上，蓬勃发展。

“深宝安”，中国改革开放后第一个股份制企业就此诞生，开创了国有企业股份化的先河。

1983年底，“深宝安”获纯利15.7万余元。股票第一年分红，1000元股本就可以分红200元。

1991 年 6 月 25 日，“深宝安”在深交所正式挂牌交易，总股本 2.25 亿股，是当时全国最大的上市公司。当年税后利润达 1.06 亿元，比上市前增长 6 倍，原始股价上涨 43 倍。

蛇口试管

1983 年 2 月 9 日，龟山别墅。

袁庚向胡耀邦及随行的中央、广东领导汇报工作，最后谈到干部与群众的关系。他说，我每次回蛇口，一上码头，前呼后拥，下级唯恐照顾不周。有时候自己不清醒，就会忘乎所以，久而久之就不怕下级，更不怕群众。我只怕交通部怕顶头上司，他们可以撤我的职。我们有的干部，一旦有了小小权力，就有人送礼上门，如果头脑不清醒，不能自律，就会忘乎所以。

话锋一转，袁庚说，所以，我们写了一个报告，准备在领导班子组成问题上，搞一个较大的改革。例如，管理班子是否可以采用直接、公开的投票选举。由群众选举的领导班子，就会为群众办事，因为群众可以选举他，也可以罢免他。

“好，好嘛。”胡耀邦点头。

袁庚马上说：“总书记说‘好’，我们就记录在案，马上打报告照此办理。”

送走中央领导一行，袁庚迫不及待，开始了民意测验。

2 月 12 日，管委会召开干部及技术骨干会议，开会地点照旧，在工业区劳动服务公司食堂，一间由葵叶与青竹搭成的大草棚。

到会 130 多位干部，一张木条凳挤坐三人。

袁庚站在草棚中央宣布，新一届管委会由民主选举产生。此言一出，一片哗然。随后，他手举一张公文便笺纸摇晃，“请诸位大胆行使神圣的民主权利，推荐自己认为合格的干部。”

面对空白的便笺纸，不少人不知所措。写推荐人时，有人还用衣袖遮拦别人眼角扫来的余光。

多年后，袁庚回忆说：“选举，1000 多人投票，我才 200 多票，虽然还是第一。”

袁庚多次表述，办蛇口工业区，是想做一支改革开放的试管，这支试管，决不仅限于经济改革。

他说，蛇口的经济再发达，在国内经济总量里面也是九牛一毛，所以蛇口应该在政治上进行探索和突破，这才对中国有巨大的意义。在蛇口的时候，他推行高度自治，搞了很多创新性的尝试，民主选举、民主投票、自办报纸、舆论监督、股份改革这样一系列在保守者看来是离经叛道的事情。这在当时，却是超前的探索，以至于很多热血青年投奔蛇口。

票证时代

经济特区建立之初，人口仅三万多的深圳一下涌入五六十万建设者，粮食供应一下成了大问题。

一次暴雨，路被冲坏了，运粮车无法及时到达。当时，深圳存粮仅够吃两天。有一船粮食正从泰国运来，市领导要求该船每行驶 10 公里通报一次位置。直到粮船到达蛇口，市领导悬着的心才放下来。

那时的中国还处在票证时代，生活物资凭票供应。人到了深圳，粮票、肉票要靠家乡寄来，否则无法生存。没有粮票，有钱买不到米；进餐馆，没有粮票，有钱吃不到饭。

市场是一只看不见的手，粮票、肉票的倒卖自然就流行起来。

火车站泮溪酒家的老板找到市里，说来了这么多人，要吃饭，没有票，可不可以买点议价粮。市里说，总不能饿死人，可以试。当时泮溪酒家一碗米饭，有粮票 5 分钱，没有粮票 5 毛钱。

很多人跑到湖南、江西等地收购议价粮，赚了大钱。肉也有了议价肉。

国家定价一斤青菜 5 分钱，一斤荔枝 8 分钱。一河之隔的香港，价格高出十多倍。深圳农民的农作物，不愿在当地卖。市委为了解决蔬菜供应问题，到汕头招了 5000 名农民种菜，两个月不到，全跑光了。

财贸办主任李定说，菜农种菜亏本，肯定不干，只能放开价格。谁知价格放开，一斤青菜先涨到 4 毛多钱，随后涨到 1 块。一时怨声四起，上面准备撤李定的职。

就在要开会的时候，市场上的菜价下降了，降回几毛钱。原来，高价引来广州、东莞、惠州的蔬菜涌到深圳，价格也就平了。

东门老街的南塘菜市场，就是四乡菜农来深圳卖菜的地方。这里的菜新鲜，品种多，价钱高低随市，生意兴隆。

议价粮、议价肉、议价菜按质论价，随着收入的提高，很多人也就不太在乎价平质次的计划物资了。黑市粮票、肉票等票证价格也一路走低，最终无利可图。20 世纪 80 年代初期深圳就取消了票证，而内地，十年之后才完成价格闯关，宣告票证时代结束。

1984 关键词 姓“资”姓“社”

那一年

1984 年 1 月 24 日，美国三大广播公司播放第十届全美橄榄球联赛。赛事正酣，屏幕上弹出一则广告。

一排排形如木偶的光头男子迈着机械的步伐进入昏暗的大厅，坐下，听从巨大屏幕上映出的“大哥”训斥。突然，一个手握铁锤、身材健美的女孩飞奔而来，把“大哥”训话的屏幕砸得粉碎。

广告的创意显然来自那部著名的寓言小说《1984》。那是一个精神控制下令人窒息、充满奴役、没有独立意志的世界。

在屏幕爆裂的光芒中，映出一行文字：“1 月 24 日，苹果电脑公司将推出麦金托什电脑，你会明白为什么 1984 不会成为《1984》。”

整个美国，有一半以上的人口收看了这则广告。

乔布斯用他史诗般的语言暗喻数字化，一个改变人类生活方式的时代已经到来。

同一天下午 4 点 40 分，地球另一端，深圳。一个正忙于倒卖玉米的青年，骑着一辆单车路过国商大厦。他看见楼下人头攒动，还站满警察，便下车询问。路人告诉他，国商大厦进去了一位大人物，邓小平。他心里一动，闪过一个念头，“干大事的时候来了”。5 月，深圳现代科教仪器展销中心注册成立，这就是万科的前身。

这一年，深圳经济特区建设如火如荼。罗湖区已初具现代城市的雏形，高楼林立，一派繁华。罗湖之外，大多还是荒地。

这一年，深圳地区生产总值为23亿元，较建城之初增长11倍。

考卷

对经济特区试验，各种非议、指责沸沸扬扬。有一篇题为《旧中国租界的由来》的文章，影射深圳经济特区是新的“租界”“殖民地”；还有不少议论说，“几十年革命白干了”，“特区姓‘资’不姓‘社’了”。

1984年1月25日下午4点，袁庚参加完香港一个商会剪彩仪式，立即坐车直奔深圳。他已得知，邓小平将于26日考察蛇口。如同刚递交考卷且广遭斥责的考生，他内心难免忐忑。丰田面包车穿过市区，驶过深南大道深圳大学路口，袁庚透过车窗，看到那块熟悉的路牌，箭头指向蛇口工业区，心里为之一动。

车到办公楼前，管委会主要领导早已在喷水池边等候。

袁庚说：“中午在‘海上世界’吃饭，要备两盘辣菜，首长是四川人。”

“小平同志能喝几杯白酒？一杯还是两杯？一定要搞清楚。”

最后安排：“通知工程队立即加班，埋水泥柱，把‘时间就是金钱，效率就是生命’的牌子重做一个，要大，要醒目，立在进入蛇口的大路上，我要让首长路过看见。”

有人迟疑，这个口号非议很多，万一……

袁庚说，没有万一，有万一也干。我倒要看看，改革能走多远。

1 月 26 日 9 时 30 分，邓小平、杨尚昆、王震在省、市领导陪同下，到达蛇口。

随后的汇报中，机灵的袁庚用自问自答的语气说："我们提了一个口号，叫'时间就是金钱，效率就是生命'，不知道这个口号犯不犯忌？我们冒的风险也不知道是否正确？我们不要求小平同志当场表态，只要求允许我们继续实践试验。"此言一出，引起哄堂大笑。

"海上世界"

一艘豪华游轮，1962 年建造于法国，由法国总统戴高乐剪彩后下水。船高 9 层，排水量 14000 吨，航行过 100 多个国家的港口，接待过多国政要明星。广州远洋运输公司于 1973 年购得，更名为"明华轮"，承担运送中国援外工程技术人员赴非洲修建坦赞铁路的任务。1978 年前往越南撤侨。1979 年，廖承志率领中日友好代表团乘坐"明华轮"往返日本，被称为"中日友好之船"。1983 年退役，深圳蛇口招商局买过来，改作靠岸的游乐船。经过整修改造，打造成我国第一座集酒店、娱乐于一体的综合性海上旅游中心。

"明华轮"拥有套房 239 间，可同时接待 600 多位宾客。船上有富丽堂皇的中西餐厅、酒吧、舞厅、电影院、游泳池等。

开业的日子定在春节，取名“海上世界”。

1984 年 1 月 23 日晚，袁庚突然来检查工作，并单独向总经理王潮梁交代：做好重大接待任务的准备。

1 月 25 日晚，袁庚又来了。当说到午餐可以“要一点辣”时，蛇口工业区党委副书记乔胜利脱口说出一个“邓”字，便捂住了嘴。大家都意识到来者何人。

王潮梁于是问：“能不能请首长题字？”袁庚说：“恐怕不行，上面明确规定，首长来只看、只听，不讲话、不题词。”见王潮梁很失望，袁庚又补了一句：“你随机应变吧。”

“题不题是首长的意愿，准不准备是我的事。”王潮梁叫人赶紧去买文房四宝。

1 月 26 日 11 点 15 分，一列车队驶近游轮边，小平同志从一辆车上下来。陪同他的，还有杨尚昆、王震及省、市领导。

在咖啡厅听完汇报，小平同志登上甲板，遥望对面香港新界，没有说话。

稍后，王潮梁引领小平同志到龙凤厅用午餐。

席间，小平同志喝了三杯酒。邓小平女儿邓榕说：“他很少喝酒，看来今天很高兴。”王潮梁示意副总经理赵艳华上前，赵艳华在小平同志耳边说：“请首长给我们题个词。”

小平同志起身走向旁边铺上红布的小桌，拿起笔，操着四川口音问：“写啥子？”大家转头望着王潮梁。王潮梁脱口而出：“海上世界！”小平同志欣然提笔，一挥而就。写完之后，准备放下笔。

见没落款，王潮梁又赶紧说：“请首长签个名。”小平同志笑了笑，又在题词下面写下“邓小平题 一九八四年一月廿六日”。

不知敬畏

邓小平一行在“海上世界”逗留长达4个多小时，离开时，当地群众闻讯涌来，希望一睹领袖风采。

之后事情被人告到中央，说袁庚对小平同志不敬，以至于先后来了四五个工作组调查。

袁庚回忆：“小平上车后，群众涌过来，车只能慢慢通过。有一些人趴到车窗上往里看。我当时坐在小平同志身边，中央警卫局一位姓宋的局长命令司机快开。我这时火了，大声说，小平同志，外面群众想见你，这位宋局长却叫司机冲过去，我看是不是请梁湘同志调解一下？邓榕在旁边说，袁庚真滑头。满车人哄堂大笑。梁湘便叫司机慢慢开。

“后来，胡启立找我谈这个事。我说，瑞典首相帕尔梅去看电影，路上被人暗杀，警察赶到，才知道他是首相。里根被刺，21天出院，马上参加公众集会。教皇保罗二世在西班牙中枪，伤愈马上出访葡萄牙，拒绝坐防弹车，还下车与教民握手亲吻。

“我敢说，他们比我更怕死，但他们知道比死亡更可怕的事情，就是脱离了他们的选民和教民。我们共产党人是代表人民的，有些人反而有时不懂这个道理。我建议改革现行的中央警卫制度。”

题词

当日邓小平一行从蛇口乘船前往珠海，行前没有对深圳经济特区工作做任何评价。深圳市决定委派接待处处长张荣去请小平同志为深圳经济特区题词。1 月 30 日一大早，张荣就赶到了广州。他通过有关方面将深圳人的请求向邓小平汇报了。

小平说，回北京再题吧。第二天是腊月二十九，深圳人还在焦急地盼望着。2 月 1 日，已是大年三十，人人都准备过年了。邓小平的女儿邓楠看到迟迟不肯回去过年的张荣，想了想说："那就这样吧，将他一军，我们把纸、笔都准备好了，他一回来，我就同他说。"

小平散步回来，看见桌上摆着纸、笔，连墨都研好了，便问："啥子事？"邓楠把张荣介绍给他："这是深圳来的张荣同志。"邓小平笑笑说："认识，认识。还没回去过年？"邓楠说："你没给题词，人家哪有心思过年？"邓小平听后笑了笑说："这么严重，还要等着过年？"于是，在沙发上坐下来，问道："你们说，写什么好呢？"张荣赶忙递上几张准备好的字条，有"深圳经济特区好""总结成绩和经验，把深圳经济特区办得更好"等。

邓小平拿起字条念了一下，随手搁到一边，然后拿起笔，在砚中蘸上墨，几无思索就俯下身去，在纸上一字一字地题写："深圳的发展和经验证明，我们建立经济特区的政策是正确的。邓小平 一九八四年一月二十六日。"

细心的邓小平在落款时，没有落在广州下笔的时间，而是把时间稍稍提前了一点，落的是他离开深圳的日子。

1984 年春节，第一声爆竹在深圳炸响。这一天，许多深圳人见面的第一句话，竟不是"新年好""恭喜"，而是兴奋地说："题了，他题了！"

中国大门口放爆竹，要响

罗湖的地几近用光，但中央各部委、全国各省市依然纷纷来深圳，要求批地开设窗口。

在中国国门建造神州第一高楼的构想由此而生。

竹园宾馆宴会厅，时任深圳市委书记向 100 多位应邀前来的省、市部委领导宣传，深圳要建一座大厦，成为全国各省市、中央部委在国门前沿的一个窗口。这座大厦原定 38 层，现改为 53 层。楼是大家的，请大家来集资建楼。

时任副市长罗昌仁描绘了这座神州第一高楼的构想：楼高 53 层 160 米，第 5～23 层及第 25～43 层为办公楼标准层，第 49 层为旋转餐厅，第 50 层屋面设有直径 26 米的直升机停机坪。第 33 层商务公寓建有跨度 25 米的空中游泳池。长 150 米的裙楼，构成一个规模宏大的商场，与大厦内银行、餐厅、展销厅、证券交易厅交相辉映。裙楼内设有玻璃拱形顶中庭。大厦配备了先进的楼宇控制系统、消防系统、闭路电视监控系统、中央空调系统和垂直、手扶、观光电梯系统，是集办公、商贸、金融、饮食、观光于一体的现代建筑。

市委书记补充，吉林的人参、江苏的刺绣、湖南的有色金属……都可以拿来展销嘛，建一个万商云集的国际贸易中心。

深圳国贸大厦于 1982 年 10 月开工，市委领导发话，这是在中国大门口放爆竹，要快，要响！ 1985 年 12 月 29 日大厦落成，仅用 37 个月时间，更是创造了“三天一层楼”的“深圳速度”。

1992 年，邓小平登上国贸大厦旋转餐厅，感叹深圳建设一派繁荣。国贸大厦亦是这繁荣之中的重要存在，她是诞生“神话”的地方，她的“矗立”本身就是神话。

万丰模式

万丰村隶属深圳市宝安区沙井镇，不傍海也不靠山，不近广深公路也不近广九铁路，去趟深圳城区有 60 公里之遥。村民 2000 多人，99%以上姓潘。由于太穷，当年逃往香港的年轻劳力有 500 多人。

1

村里有个赤脚医生，叫潘强恩，是个能人。能写能唱，他的老婆潘吐金也是假戏真做唱来的。“文化大革命”期间，潘强恩在万丰村排演样板戏。《沙家浜》，他演郭建光，潘吐金演阿庆嫂；《红灯记》，他演李玉和，潘吐金演李铁梅……一来二去，两人最后成了恩爱夫妻。

他行医，好钻研，常常往名山大川采集中草药。又自制“鱼腥草”“哥王”针剂，一时名噪宝安。

和一般农民不同，他喜欢买书，每天起床，读书两小时，写作一千字。空想社会主义者欧文倾尽财产在美国创办“新协和村”的事迹，给他留下很深的印象。

2

1981 底，潘强恩出任万丰村党支部书记。他带领三名村干部去了一趟香港，资本主义的繁荣让他震撼不已。他回到村里，把“大跃进”时期建的大食堂改成塑料花厂，安排了 200 多名村民就业，当年获利 60 万元。

潘强恩是个有想法的人，他心目中的伟人是创立新协和村的欧文。香港之行后，他对股份制产生很大的兴趣。他认为苏联模式的计划经济不行，彻底单干也难有大的出路。只有股份制才能使生产资料为村民共有。

他在村民大会上说，股份制没有姓，不姓“资”，也不姓“社”，它是使大家共同富裕的好办法。

3

1984 年，香港彩星集团入驻。万丰村借机推行股份制，集资建厂房。拿不出钱的贫困户，由村里向每人提供 5000 元贷款用作股金，50 年后归还。这样，全村村民个个都是股东。

万丰村进入高速发展通道，2000 年，万丰（集团）股份有限公司拥有资产 14 亿多元，年销售额为 3.5 亿元，股东分红每年高达 20%以上。村里给每户村民装了程控电话，购买一个保险箱，订了两份报纸，又给每人买了人寿保险，55 岁以上的老人每年发 150 元水果费。

公共设施改造一新，建了全国第一个村级公园，面积近 300 亩，苏州园林风格。修了公路，改造了电网，还自建一个自来水厂。有人问，村里不是有自来水吗？潘强恩答：“因为工业发展快，大气污染，水源污染，水库的水怎么也没有地下水干净。我是个医生，深知水对人身体的重要性，虽然花了一大笔钱，但值得。”

潘强恩有个说法，叫文化立村。政治、经济、文化三个系统，文化才是灵魂。有钱了，万丰村不惜大笔投入文化建设，耗资千万建了一个可容纳千人的剧院，设施豪华，在广东堪称一流。成立一个村办剧团，演出现代、古装戏剧 30 多部，多次参加广东、北京调演，粤剧《一件羊皮褂》获全国戏曲“群星奖”金奖。潘强恩本人就是一位高产作家，中长篇小说及理论著作多达千万字，由他与丁元昌合著的长篇小说《新桃源梦》改编的粤剧《大潮》被评为优秀剧目。

万丰村兴办了中国第一个村级博物馆，创办了中国第一份村办刊物《万丰文讯》。

4

万丰村的股份共有经济引起广泛关注，被称为“万丰模式”。

1992 年，潘强恩在北京人民大会堂演讲共有制理论，与会 70 多位领导和专家学者充分肯定了万丰村股份制经验。会前，邓小平接见了潘强恩。

1994 年，潘强恩与鲍光前共同创作的《共有制初论》出版。后来，长达 300 多万字的《社会主义共有制论》结集成书。万丰村被誉为社会主义新农村的楷模。

5

“万丰模式”历经近二十年的辉煌，也如新协和村走向衰落。富裕之后，万丰（集团）高速扩张，投资项目不只在广东，还远到山东、新疆等地。2002 年，贪腐问题和高额负债使万丰村再也分不出红来，村民怨声不绝。

是股份化的共有制错了，还是这个模式缺乏法律与制度的完善？或者，温饱之后，比金钱更重要的是人性的善恶、价值的取向？再或者，一切政治、经济行为背后，最终将探源到深层的文化？

人类的乌托邦故事总是以希望开头，以失望结尾，这是一个沉重却不应绕开的话题。

1985 流行词“倒爷”

1985 年叙事

世界太大了。1985 年，地球照例不会平静。地震、政变、劫机、沉船时有发生。有两件看上去十分平常的事情发生在这一年 3 月。11 日，戈尔巴乔夫当选苏共中央总书记。15 日，第一个因特网域名“.com”在美国开始应用。影响历史进程的事件，开端总是显得平淡无奇。

4 月 4 日，英国女王签署归还香港法案。

5 月 19 日，中国足球队以 1：2 的比分不敌中国香港队，无缘世界杯。8 万多名球迷痛哭流涕，冲出体育馆，掀翻汽车，还有袭击事件发生。教练、运动员被迫躲进宿舍，几天不敢下楼。这样火爆的事件，过去也就过去了，顶多是个谈资。

随之而来的另一起事件——晋江假药案，直指人性的黑暗，触动了整个人类过去、现在、未来的痛点。6 月 16 日，《人民日报》披露，福建晋江一些乡镇干部创办的工厂伪造批文，生产 100 多种假药，采用回扣方式销往各省、市、县大医院，引发举国愤怒。

这一年，离深圳千里之遥的海南，时任海南行政区党委书记雷宇感叹海南太穷了，连工资都开不出。公社改成乡要挂牌子，有的公社连挂牌子的钱都没有。征兵写宣传标语，买纸的钱都没有。中央给政策，允许海南“用外汇购买生产资料”。雷宇从广东、福建的经济特区转卖进口商品到内地的做法得到启示，想到了进口汽车，结果局面失控。

海口市如同巨大的停车场，市内市郊停满汽车，各省顾客蜂拥而至。

1985 年初，中纪委、审计署等机构组成 102 人的调查组进驻海南。雷宇等人被撤职，组织部部长则被判了无期徒刑。

原始积累

按当时的政策，经济特区进口的国外产品也不能销售到内地，但内地客户在经济特区内购买的商品运出却没有明确的限制。深圳的一些单位和个人最初的原始积累主要靠的就是这样的生意。先收内地客户部分货款作为定金，然后向港商订货，货到深圳，买方付清余款。这绝非普通人能做得起来，首先要有进口许可证，其次要有外汇配额。

深圳经济特区发展公司是大型国企，深圳现代科教仪器展销中心便是它旗下的三级小公司。当时王石任展销中心经理，是国家科级干部。

1985 年，随着海南倒卖汽车事件的处理，国务院紧缩银根，开始对全国进口产品进行全面清理。王石嗅到了危机。展销中心新签的 2 万台放像机合同，45 天后到货。而同一时期，深圳还有 5 万台同类产品通过不同渠道进口。在经济政策即将全面收紧的背景下，7 万台同时到货是一个什么样的市场前景？

王石迅速叫来广告部经理。很快，一则求购信息刊登在广东两家大报显著位置上，内容是，因台风影响，展销中心无法将放像机按预定时间送达客户，急购放像机 2 万台。

广告登出，放像机暴涨 200 元一台，王石马上安排走货，逃过一劫。

王石在多年以后的演讲中，把这个套路当作“不正当竞争”的案例。

《蛇口通讯》

“时间就是金钱，效率就是生命”，这个口号得到中央肯定后，袁庚立即把蛇口试管的改革扩大到舆论区。

他要办一份不一样的报纸，“不要尽讲好话，而要敢于批评干部”，把蛇口的人事、财政情况公开，让蛇口人有知情权和监督权。

《蛇口通讯》最先只是企业内部月报，1984 年 12 月创刊，1985 年 6 月公开发行。大影星黄宗英担任过副刊编辑。

“有恐惧心理的社会，不是我们所向往的社会。”“要免除匮乏的自由，免除恐惧的自由。”“我不同意你的意见，但我坚决捍卫你表达意见的权利。”这些当年有些刺耳却又新鲜的语句登上了《蛇口通讯》头版。

1985 年，《蛇口通讯》总共出版 12 期，有 2 期发表公开批评袁庚的文章。《袁庚此说，一半可取》《该注重管理了——向袁庚同志进一言》，题目温和，内容尖锐，指责袁庚对“自由”理解肤浅，管理问题很多，引发热议。

袁庚没有生气，他在一次会议上说，报纸上有文章批评我，在座的干部都要好好看一看。

一份企业报纸，文章常常被各地报刊转载，其中包括《羊城晚报》《南方日报》和《人民日报》。1985年，获全国好新闻特等奖。当时一些热血青年就是因为读到这份报纸，从全国各地奔赴蛇口，投身改革开放浪潮中。蛇口的一些小卖店，把当月《蛇口通讯》的目录贴上橱窗，招徕顾客。

中国第一个外汇调剂中心

货币本质上只是一个代替实物的筹码。不同货币之间的比值，只能由市场决定。严格的外汇管制，必然造成黑市猖獗。当年的罗湖车站前、国贸大厦门外，都有很多追着人兑换外汇的中老年妇女。这些倒汇小贩背后，通常是大大小小的钱庄。

真正的外汇倒卖生意，从来不是民间这种小打小闹。国家的外汇"配额指标"掌握在主管部门手中，吴晓波所著的《激荡三十年》谈到这种外汇配额"最终以非常灰色的方式转移到了有官家后台的'倒爷'手上……在当时的深圳与北京之间，早已形成了这样一条资源输送的地下通道，源源不断的国家配额和公共利益以各种形式被贩卖到南方，它们游离在法律的边缘地带，促成了某些个人和公司的暴富"。

"王石日后举例说明公司是怎么赚钱的：这年秋天，一个叫王春堂的北京人来深圳，宣称手头有3000万美元的出口外汇留成……王石向王春堂预定了1000万美元的'外汇留成'，然后他从中国银行‘顺利’贷到2000万元人民币，凑足3700万元汇给王春堂。一倒手，展销中心赚到兑换差价500万元。”这种生意当然比倒卖玉米、放像机来得痛快。

另一个故事是时任国家外汇管理局深圳分局局长罗显荣去建设路一家餐馆吃饭，要了一份水饺、一杯啤酒。结账时，却要付两种货币——啤酒是进口的，必须付外币。而主管外汇的罗局长却拿不出一分钱外币来。

大批外资进入深圳，他们赚了外汇，却没有人民币发工资。一些企业更换先进设备，却拿不出外汇支付货款。外汇的兑换成了深圳亟须解决的一个突出问题。

罗显荣找到新任市委书记李灏，谈了建立外汇调剂中心的想法。

李灏当场拍板："如果上面追查，我担担子。"

上前线

这是1985年年底一个微寒的日子。

快到深夜了，昏黄的月光照着深圳和它四周起伏的山峦。从笔架山的山缝间，吹过来阵阵北风，拂扫着园岭路边纷纷坠落的梧桐叶……

一辆面包车停在园岭一座已经停建的大厦前。

"到了——"听得见司机的声音。

车门打开，走出来一个瘦削而颀长的男子，他的后面，是一位30岁左右的年轻人。

他们无声地绕着大厦走了一圈，再走了一圈。散乱在地的沙石，在他们的皮鞋下发出"沙沙"的声响……

“这是第 12 栋了吧？”

“是的。”年轻人说，“我已经记下了，也在砍掉之列。”

“我们上楼去看看。”

远处，绵延几十公里的界灯依旧闪烁。深圳河依旧无声地流淌，似乎仍然那么轻松、自在……

这是《深圳的斯芬克斯之谜》一书中记录当年的一个场景。

来人是深圳市委书记李灏。他到任，有些风萧萧兮易水寒的悲壮。港报、外媒称深圳“假大空”，言辞异常尖锐，内地批评则更为激烈，说深圳建经济特区，内地成灾区。

昔日人头攒动的罗湖商业区街头行人稀落。神州第一高楼国贸大厦已经落成，但内地股东纷纷要求退资，给市委带来巨大的压力。银行的贷款压缩高达 10 亿元，大批项目下马，大批建筑工人失业。

北京安排李灏到深圳任职，李灏不让家人同去，他说，我是上前线。

明白人

李灏生于广东，却是地道京官。中国共产党人执政之初，即在中央工作。他先后任职于国家经委、计委、建委，主管进出口及外国投资；参与多届五年计划的制定；协助谷牧处理过不少特区事务；1983 年，任国务院副秘书长。很少有人像他那样熟悉国家经济的底线与运作。

刚到深圳上任，李灏就碰上了“特发倒卖外汇案”。特发下属的科教仪器展销中心也涉案 4000 万美元。中纪委五室派出几十人调查组，连同广东省的办案人员，队伍多达一百多人，声势不亚于调查海南倒卖汽车事件。当时指定要逮捕特发公司一名经理与副总。

李灏果断出面，“他这是合理不合法。赚的钱没有落入个人的口袋，你们抓人抓得太冤枉了。”他还与中纪委来人谈了外汇调剂中心的设想，告诉他们，“我们会让这种事改革得合理合法。”

王石事后回忆：“随着时间的推移，案件淡化了。”

李灏明白，倘若抓人，会重蹈海南倒卖汽车事件覆辙，对当时处于低谷的深圳无异于雪上加霜。

市委会上，李灏提出压缩基建投资，一些人想不通，很多大楼是外商出钱，凭什么压？我们请人投资，现在言而无信，以后谁敢来？

李灏拿出了专家提供的数据，如果深圳照原来的速度建设下去，297 项高层楼宇项目建成后，将增加电力设备安装容量 69 万千瓦，相当于 2000 年计划的 1.7 倍；新增加日用水量 26 万吨，为当时深圳全日供水量的 2.67 倍。照这样的速度发展下去，不出 5 年，将有五分之一的酒楼宾馆电梯不能动、电灯不能亮、空调不能转。

调整如同壮士断臂，鲜血淋漓。全市 1500 多项基建项目被清理，基建规模被压缩一半以上，施工队伍裁减近 10 万人，20 层以上的高楼停建了 60 多栋。这是一次有序的撤退。李灏明白，把有限的资金用到刀刃上去，保证水、电、路和重要的工业设施的建设，深圳才有可持续发展的未来。

深圳皮鞋厂——“中国制造”的缩影

改革开放之初，香港商人刘天就走过简陋的罗湖海关，来深圳投资来料加工厂。这件事登上了《人民日报》，媒体称他为“第一个敢吃螃蟹的人”。刘天就的产业涉及零售业、媒体业，他还被称为“东南亚鞋王”。

他带来 193 台设备，在罗湖区洪湖旁的荒地上，盖了一排简陋的铁皮房，取名“深圳皮鞋厂”。说是皮鞋厂，做的却只有鞋面，刘天就把做好的鞋面运回香港，与香港做的鞋底合起来，印上“香港制造”的字样，销往世界各地。

用被淘汰的设备，从事简单的劳动，获取微薄的代工费用。对于刚刚进入世界经济大循环的深圳人来说，这是一个无法省略的过程。

1984 年，刘天就遭遇债务危机，加之合同期满，留下一堆陈旧不堪的设备，走人了。

在几年来料加工的实际操作中，深圳企业方管理人员早已今非昔比，懂得了技术，也学会了企业管理经营，更重要的是掌握了销售渠道。

深圳皮鞋厂成为罗湖区自办企业，他们引进鞋底加工技术与制造设备，完善了皮鞋制作的全部流程。1985 年试产，美国客户订购皮鞋 7000 双。

1988 年，深圳皮鞋厂更名为深圳罗湖皮革公司，换上了“中国制造”的标签，当年创汇 250 万美元。

觉醒之年

The age of awakening

1986 流行词 烂尾楼

街头即景

很多老人对深圳20世纪80年代初期的记忆，是日夜不停的打桩声。当他们渐渐习惯了建设的火热与嘈杂，睡觉安稳了，四处的打桩声却停了下来。反常的安静再次让人难以安眠。大批项目下马，昔日繁忙的建筑工地冷落荒凉。吊塔孤零零地立在那里，油漆斑驳，长满锈迹。半途停工的楼房留下一堆水泥框架，框架上很快长出了绿苔，周围则长满齐人高的野草。一些来不及开建的高楼地基形成一个个深深的水塘，被简陋的围墙围了起来。那一年，人们闲谈的语言中多了一个生动的新词："烂尾楼"。

80年代初的宝安还没有路灯，夜里漆黑一片。9点半，粤语电视节目就停播了。用水也是很大的麻烦，每逢干旱，铁岗水库见底，居民常常几天没有水用。每到来水，家里锅碗瓢盆、大小容器都储水备用。

单车是当年家庭最重要的财产之一。上下班时间前后，深圳街头的单车会像潮水一样涌过。单车丢失几乎成了每个家庭的烦恼，再坚实的车锁也无济于事。即使住在五六楼的高层，也需要将车辆扛上扛下，塞进逼仄的住房中。偷盗实在太严重了，有人开玩笑说，如果在大街上高喊一声，那辆单车是我的，立马会有骑车人丢下单车逃跑。

最具标志性意义的事件发生在这一年的上海。“沪A Z0001”号私家车牌照挂在一辆凯迪拉克进口车上，车主姓王，来自上海嘉定区。此前，汽车被视为资本主义象征，禁止私人拥有。

私家车的时代在这一刻开始了。随后的几十年，中国人的生活翻天覆地，最直观的变化，就是遍地的高楼与汽车。

大家乐

1986年7月8日，位于荔枝公园北门的深圳市青少年活动中心搭了一个长14米、宽8米的土台子，邀请海关宣传队前来演出。不料，宣传队因故未能前来，为了救场，活动中心的工作人员只好自己上台，但节目不够，主持人灵机一动，拿起话筒对黑压压的观众说，台下有特长的朋友要不要上来展示一下？谁也没有想到，这一问，把打工妹、打工仔压抑已久的青春活力、展示自我的冲动与欲望引爆了。参与之热情超乎想象，一发不可收。

这种自娱自乐的活动被形象地称为“大家乐”。开始一周一次，不够；一周三次，还不够；一周七次，仍然不够，活动中心只好增开日场。工作人员回忆，每到夜幕降临，露天舞台被围得水泄不通，连舞台后面的山坡也挤满了人，还有人爬到树上。

奇怪的是，这么多人，连小偷也不偷了。一次停电，竟然听不到电影院停电后的那种喧哗，秩序井然。主办方让演出者到人群中站上凳子，用手电当追光灯照着，继续演出。

大家乐是一代人难忘的青春记忆，这个活动在深圳持续火热了 20 多年。除了市青少年活动中心外，又在各区增设了几十个分场。这样一个自娱自乐的活动，产生了李春波等众多歌星。2009 年深圳市青少年活动中心重建，大家乐舞台作为深圳重要的文化地标之一得以保留。

一些时尚的真人秀节目，如“超女”“快男”的海选方式，对深圳这座城市来说并不是新鲜玩意。早在 30 多年前，他们用大家乐这种最接地气的方式都经历过了。

三角梅

三角梅，紫茉莉科，藤状灌木，又叫叶子花、簕杜鹃或者九重葛。1986 年被评选为深圳市花。

三角梅无法不招人喜欢。城市如同沉闷的水泥森林，一丛花，从阳台的盆栽垂下来，艳丽夺目，会让人心头一颤。再就是街巷的墙头，古藤攀缘，无数红花如瀑布泻下，怎能不惊艳路人？常言花无百日开，三角梅却是一个例外，花事几乎涵盖全年。莲花山公园就在深圳书城中心城一侧，公园年年都有簕杜鹃花展，于是，好多深圳人都来买书看花，总有人挟一本好书走过花丛。

其实，三角梅原产于南美洲巴西一带，大航海时代开始后，才由法国人带往欧洲，传到中国不过百来年的事。先是在台湾种植，再传到福建、广东沿海。这花太撩拨人了，几十年间，整个黄河以南都能看到它的姿容。

有好几个南方城市都把三角梅选为市花。三角梅却与深圳这座城市有一种精神暗合，这花在世界传播的速度也像是“深圳速度”的隐喻。

荔枝树

荔枝树被选为深圳的市树太自然了。没有一座城市至今还能见到那么多古老荔枝树。岁月是一把苍劲的刻刀，给粗大的树干刻满沧桑与皱纹，一棵百年老树的疤痕足以让人震撼。而在市中心的荔枝公园，这样的古树将近 600 棵。到梅林公园，古荔枝树的数目要以千计了，而月亮湾公园竟然达到 3800 多棵。这还不够，南山的荔香公园，树龄高达 150 岁的成片古树依然绿叶繁茂，果实累累。春末荔花如雪，引得蜜蜂纷飞，以至于细小的花朵也有了嗡嗡的声响。夏初满园红肥绿瘦，采摘的喜悦就这样逼近了。

不同于簕杜鹃，荔枝树是地道的本土植物，它在中国的栽培时间至少有两千年之久。《西京杂记》载，刘邦称帝，南海郡尉赵佗曾以荔枝进奉，这都是公元前的事了。西汉司马相如的《上林赋》提到了它。古籍《民物志》《广志》都将荔枝作岭南物产记录。关于荔枝的起源，公元 3 世纪时张勃著作《吴录》有“苍梧多荔枝，生山中，人家亦种之”的记载。苍梧便在今日的广西境内。现在广东、广西及海南的原始森林中仍有野生的荔枝树可寻。

草木志

一个初来深圳的北方人，最先感受到南国的惊喜，是罗湖火车站那棵百年古榕。巨大的树冠，遮住了好大一片天空。下垂的气根仿佛说，我老了，老得都有了胡须。独特的板根与凹凸苍劲的树干连在一起，一棵树，如同一片森林。

北方人对南方的觉醒，通常来自南方的植物：雨后的芭蕉，参天的榕树，七月的荔枝……

极具南国意味的植物还有木棉。冬天早已落叶的树干，到早春，还是光秃秃的，没有半点绿色的消息。兀地，花苞着枝，仿佛一夜间，碗大的木棉花重重叠叠，开满十数米高的大树，把一片天空都染红了。无论南方人北方人，谁的目光不为这样的情景牵动？

深圳不只有木棉，还有美丽异木棉，大概是想勾起人们对木棉花的不舍，美丽异木棉花期在每年十月。莲花山公园有一棵“网红”美丽异木棉，花期引来无数游客前来拍照。美到极致，便像梦，以为不是真的。满树的花实在太艳丽了，很多外地人往往会误把它当作一棵假树。

2004 年罗湖火车站交通枢纽改造，为了保护站前那棵给太多迁客留下记忆的古榕，道路绕过它，留下一个有意思的转弯。在深圳古树编号里，这棵古榕的编号是“0165 号”。

《深圳植物志》记录的植物种类达 2732 种，有国家一级古树 17 株，二级古树 55 株，三级古树 1519 株。

南山区南园古村的两株榕树和福田区新洲村的一株榕树，树龄都达 600 余岁。罗湖区仙湖植物园内的篦齿苏铁，树龄则高达 1000 多岁。

塘朗山上的桫椤，是白垩纪时期遗留下来的比恐龙更古老的树种。而花中珍品禾雀花与贵过黄金的沉香树，至今在梧桐山中还有踪迹。

植物也是一个社会。就像人类相处，总是不那么和平。2014 年媒体曾报道，深圳有一百多种外来植物，并不全像木棉花、三角梅那样充满善意，与邻居相安无事。产于中美洲的薇甘菊是一种绞杀性藤本植物，覆盖于其他植物之上，缠绕至死，连乔木也难以幸免。薇甘菊于 20 世纪 80 年代在深圳被发现，现已四处蔓延。水葫芦、五爪金龙等也对深圳生态造成较大危害。

深圳是中国公园密度最高的城市，每 500 米就有一个社区公园，每 2 公里有一个城市综合公园，每 5 公里则有一个自然公园。深圳又是中国公园数量最多的城市，2015 年，公园已多达 911 个，到 2020 年公园数量超出 1000 个。这些数字很能让人联想到宜居。

动物家园

深圳将近 2000 平方公里的土地上，山峦起伏，300 米以上的山峰有十余座，梧桐山则高近千米；溪河纵横，境内流域面积 1 平方公里以上的河流达 310 条；依山傍海，海域面积 1000 多平方公里。如此丰饶的环境，猛兽飞禽、鱼虾虫蚁在这里生养繁殖，这里成了众多生物的共同家园。

几十年间，人类像潮水一样入侵了这块土地。机器日夜轰鸣，在这里铺上柏油，种上钢铁，疯长出一座占地几百平方公里的水泥森林。上百公里原始海岸线被填埋了，垒造起码头与高楼。

一个物种的辉煌通常是其他物种的灾难。很多候鸟不再飞经这里，多种海洋生物濒临绝迹。仅仅在几十年前，还有老虎在这一带出没。

关于自然界动物，人类最熟悉的，其实是蚊子、苍蝇、蟑螂和老鼠。深圳最初的建设者对它们都有深刻的记忆。蚊子一叮一个包，奇痒难耐，皮肤红肿以至溃烂。苍蝇挥之不去，爬满晒衣绳、电灯线。“三只蚊子一盘菜，四只老鼠一麻袋”，有人这样夸张地描述来这里的第一印象。

蚊子、蟑螂这些昆虫与人类较劲，大概有它们的委屈。人类在深圳地区活动的证据，不过7000年时间，即使把祖先古猿也算进来，人类来到地球才几百万年之久。蚊子、苍蝇、蜘蛛、蟑螂等节肢动物，在寒武纪物种大爆发时就出现了，它们在地球生活的时间以数亿年计。在美国蒙大拿白垩纪岩层发现的一颗琥珀化石中有一只完整的蚊子，距今已超过4600万年。缅甸一座矿井中发现的一块形成于大约1亿年前的琥珀，里面有一只被完整封存下来的远古苍蝇。

这个世界太丰饶了，即使每个物种都在为争夺生存空间进退争斗，大自然依然多姿多彩。梧桐山、七娘山，每一座山峰的丛林，丛林中穿行的每一条小溪，溪流汇入的大海，还隐藏着那么多不为人知的生命与秘密。数十年以来不断推进的生态环境改善、保护，也逐见成效。为了保护生物多样性及濒危野生动物，人们在这里建立了多个自然保护区，治理污染、改造河道，等等。曾经消失的候鸟去而复返，2013 年的一次普查显示，深圳丛林中生活着豹子、灵猫、野猪、狐狸、赤麂等 50 多种野生哺乳动物，溪流中有水獭，水边藏有蟒蛇。昆虫多达 7000 多种，鸟类 372 种，光是蝴蝶也有 200 多个品种之多。

《深圳自然笔记》用文字与镜头记录了大自然的美丽。翻开它，你会走出车水马龙的水泥森林，为夜空中飞过的一只萤火虫惊喜，为红树林中一只候鸟的步态感动。

“华强北之父”

一位老人在华强北群星广场的一栋高层住宅里平静去世。这一天是 2015 年 6 月 8 日。在此之前几个月，人们还看见这个老人在华强北商铺前拍照留念。他叫马福元，赛格集团第一任董事长。

透过老人家中的窗户，可以俯瞰华强北高楼林立的全景。对面就是赛格大厦，户外电子大屏幕上，每天都在面向全球发布一个综合性电子市场价格指数——“华强北指数”。华强北作为国内规模最大的电子产品集散地，这个指数被视为电子交易市场的风向标和晴雨表。

马福元，东北汉子。他说，战争年月，十几岁的孩子抱个炸药包，拉了就跑，跑慢一点，尸骨无存。活下来的，个个都是汉子。他做了三十多年京官，离京时，官至电子工业部党组成员、办公厅主任。到深圳办企业，已是年过半百。

当年的华强北算不上什么街道，只是上步工业区一条冷清的厂区马路。路上时常有人过来问要不要办假证件，要不要开假发票。

落户深圳的工厂规模很小，一些来料加工企业近似于作坊。世界电子信息产业的“新风”已从毗邻的香港徐徐吹来，吸引了一批电子工业企业相继来到上步工业区安营扎寨。但经营无序，单上步做收录机产品的工厂就多达80家，做电脑配件的也有数十家之多。小舢板无法远航大海，要组成舰队才能进入国际市场。马福元决定建立“深圳电子集团”。

当时人们常常在报纸上读到“盗窃集团”等字眼，有很多人认为用“集团”不太妥当，出面反对。马福元则另作解释，说“集团”就是“集中与团结”的意思。这种解释才勉强得到了通过。

深圳电子集团于1986年成立，1988年更名为赛格电子集团，“赛格”包含着“赛国格、赛人格、赛品格、赛风格”之意。旗下一度拥有桑达、华强、康佳、宝华等117家电子企业，成为引入西方企业管理模式的先驱。赛格集团成立之初，马福元主张建立董事会领导下的总经理负责制。为了调动员工积极性，他甚至提出要搞员工持股计划，但没有得到认同。

马福元对员工要求都很高，上班穿戴必须整齐，出席正式场合要穿西装，打上印有赛格logo的领带。上班期间不能做私事，接待人员要用标准用语，一切都要符合国际惯例。所有员工的生日都有登记，生日那天能享受特别的生日餐，收到公司的祝福。有人说，当时市里召集一群人开会，外人一眼就能看出谁是赛格的人，最精神的那个就是。

马福元发现，企业效率低下，与当年的计划经济体制有关。

电子元器件实行配额采购，企业需要拿到批文才能购买相应的产品，常常为了诸如电阻、电容之类的小元器件，不远千里跑到北京。有时候等把批文拿到，订单已经过期好久了。

考察日本秋叶原电子市场后，马福元脑子里闪过一个想法：深圳与香港仅有举步之遥，能不能也办一个类似的市场？他一生历尽坎坷，“文化大革命”期间进过监狱，深知此举的风险。他又自我解嘲，要真出事，自己大不了在深圳开一个“马福元饺子馆”。

1986 年 7 月 17 日，赛格集团成立了一个电子器材配套公司，专门负责电子市场的筹建工作。最开始时，筹建办公室只有 4 个人、4 张桌子、40 平方米的办公室。马福元带着团队，不厌其烦地与国内主要的电子元器件厂家进行业务联络，游说他们前来电子市场免费展销产品。

1988 年 3 月 28 日，赛格电子市场正式开业。面积只有 900 余平方米，43 户商家，但自营自销、联营代销的经营模式大大降低了成本。更重要的是，采购电子元器件不用到北京办批文了。全国的电子配件供销客户蜂拥而至。

“赛格春节关门，全国配件涨价”，华强北这条厂区马路就这样开启了几十年的繁荣，也开启了深圳进入世界经济大循环的新时代。

1987 关键词 第一槌

好兆头

历史通常是被一些看似无关的细节改写的。

9月14日，夜，北京。13位来自中国与德国的科学家聚集在车道沟10号的一栋小楼里。毕业于清华大学的钱天白使用西门子7760大型计算机，向德国发送了中国第一封电子邮件。“跨越长城，我们可以到达世界的任何角落。”

结果让人沮丧，邮件发送失败。直到9月20日，他们重新来到这里，再次按下发送按键。20点55分，屏幕显示“发送成功”。

跨越长城，我们可以到达世界的任何角落。这是一个关于数字技术与现代通信的寓言。这个寓言催生了一个奇迹，那就是：深圳，华强北。

那时候的中国，固定电话还没有普及到家庭。一种叫寻呼机的神奇小匣子出现了，很多人把它佩在腰间，成为一种时尚。深圳是最早流行寻呼机的城市，无论在餐厅还是大街，到处都能听到“哔哔”的声响，总能看见有人在这种声响中急急忙忙寻找公用电话。

当然，还有一些看上去毫不相关的事件也会影响每个人的生活走向。

1987年7月14日，蒋经国宣布台湾地区自15日零时起解除戒严，这对许多人来说，算得上是一件翻天覆地的大事。几个月后，那些离家几十年的老兵被允许回大陆探亲，很多台商则开始盘算到深圳开厂。

戈尔巴乔夫在这一年发表了《改革与新思维》，承认人类的生存权利高于一切，苏联社会主义模式逐渐走到尽头。休克式改革在波兰获得成功，在苏联却带来惨重的后果。批判自由化倾向、渐进式改革成为主流话题。这一切，无法不影响一座城市的发展进程。

国际货币汇率的变化对这一年的深圳特别重要，日元、韩元大幅升值，使得大批国际订单转向香港，深圳随之受益。《深圳特区报》的广告风向大变，满版厂房招租换成厂房寻租。开工火爆，电视机、收录机及各类电子产品还在车间生产，就已被客户订购。1987 年，赛格集团的工业总产值达到 20 亿元，销售收入则达到 15 亿元，外销收入达到 1.5 亿美元，分别比 1985 年增长了 105%、106%和 292%。

整个深圳工业首次超过贸易与建筑成为最大的产业，而外汇收入占比也首次超过深圳财政收入总额的 50%。这一年，深圳常住人口突破百万，从罗湖海关进入深圳的游客日均超过 6000 人，从二线关进入深圳的内地人数则达到日均 13 万。

《人民日报》发表社论《深圳经济全面高涨，呈现良好发展势头》，对深圳的批评与争论悄然落幕。

袁庚的遗憾

1981 年，李嘉诚、霍英东等 13 位超级富豪到蛇口参观，提出与招商局共同开发蛇口。袁庚说，这点小事不必麻烦诸位了，还请诸位在大事上多加指点，多多帮忙。

后来，袁庚为此深深懊悔，多次谈到他一生的三大遗憾。一是中央将整个南头半岛给他，当时没敢要；二是蛇口的许多改革没有用立法的方式固定下来；三是没有引入大型国际财团参与开发蛇口。

袁庚说，蛇口的经济再发达，在国内经济总量里面不过是九牛一毛，所以蛇口应该在制度上进行探索和突破，这对中国才有巨大的意义。

为此，他从约束权力入手，在蛇口进行了民主选举、舆论监督等方面的制度变革。当年，许多热血青年把蛇口当作奉献青春的热土。

如果当年引入国际资本参与建设，蛇口就有可能真正成为中国的改革试管。蛇口的许多改革尝试，如果用立法的方式固定下来，也才有可能不至于因人废事，很快被推翻颠覆。但历史没有如果。

袁庚在任内的最后一项重要决定是，让蛇口的招商银行、平安保险、南山开发公司走出体制，实行股份制。袁庚远去，令他没有遗憾的是，如今，这三家注入了蛇口基因的公司已经成长为世人瞩目的国际大型企业。

招商银行

1984 年 4 月，蛇口工业区成立全国第一家企业内部结算中心，随后在 1985 年 8 月成立了蛇口财务公司，管理工业区内企业的资金。

1985 年 12 月 11 日夜晚，袁庚带着蛇口工业区副董事长王世桢提早来到蛇口南海酒店会议厅，等待时任国务委员兼中国人民银行行长陈慕华的接见。就是在那个晚上，袁庚提出，以财务公司为基础，创建一家完全由企业持股、严格按照市场规律运作的中国式的商业银行，让招商局在这方面探索一下，闯一闯，看看能不能在金融改革方面走出一条路子来。

这一想法引起了陈慕华很大的兴趣，她当即风趣地表示："老袁，有你在这儿，我放心！"

1987 年 2 月，招行在开业前夕招兵买马，引入一批新员工。当时考试的作文题目，时至今日仍让许多招行人津津乐道——《顾客就是上帝》。

1987 年 4 月 8 日，招商银行在招北十栋蛇口工业区财务公司原址挂牌成立。

招行成立之前，中国工、农、中、建四大银行一统天下。"大锅饭"企业，往往"门难进、脸难看、事难办"。

招行开业，仅有 1 个营业点，30 个员工，面貌却是焕然一新。营业点摆放了鲜花、牛奶，员工站立服务，笑脸相迎。同时，还创新提供上门服务，星期日储蓄业务全天营业，很快受到蛇口群众欢迎。

从筹备开始，招行按照国际惯例创建现代企业管理制度，积极借鉴国外企业和香港地区银行业的通行做法，组建了董事会和监事会，实行严格意义上的董事会领导下的行长负责制。这在现在看来平常，当时却是大有风险的，会被质问姓“社”还是姓“资”。

随后，袁庚又亲自推动完成了第一次扩股增资，使招行从独资公司变成了有限责任公司，成为中国第一家真正由企业法人持股的商业银行。

2016 年，袁庚逝世。彼时，他组建的招商银行资产总额已突破 5.9 万亿元，员工超过 7.5 万人，成为全球第 28 大商业银行及世界 500 强企业。

任正非的 1987

1987 年 9 月 15 日，一家注册资金仅仅为 2.1 万元的民营公司成立，注册地点是在蛇口南油的一栋居民楼房里。公司名叫华为。创办人任正非说，曾经觉得“华为”这个名字不好，因为是闭口音，想改掉名字，但是拿到营业执照以后就改不了了，因为一分钱都没有了。

谈不上什么抱负与雄心，已经 43 岁的任正非面对的是活下去的无奈。

任正非回忆童年：“我经常看到妈妈月底就到处向人借钱度饥荒，而且常常走了几家都未必借到。直到高中毕业我没有穿过衬衣……我上大学时妈妈一次送我两件衬衣，我真想哭，因为，我有衬衣了，弟妹们就会更难了。我家当时是 2～3 人合用一条被盖，而且破旧的被单下面铺的是稻草。”“我们家当时每餐实行严格分饭制，控制所有人欲望的配给制，保证人人都能活下来。如果不是这样，总会有一个、两个弟妹活不到今天。我真正能理解活下去这句话的含义。”

任正非大学期间参军，1983 年工程兵撤销改编，他转业至蛇口南海石油公司所属电子公司任职。

在一次生意中，任正非被人坑了 200 多万元，货款收不回来——当时内地城市月平均工资只有 100 多元。这是一笔巨款。任正非因此被辞退，妻子也与他离了婚。

离婚后，任正非将年迈的父母、亟待照顾的弟妹都接到深圳与自己同住。一大家子租了一间十几平方米的小房子。没有厨房，只能在阳台炒菜做饭。通常在市场收档时，父母才去买些便宜的蔬菜。而当时任正非患上糖尿病，心脏也出了问题。

公司成立后，任正非一度为做什么犯愁。“我们这种人在社会上，既不懂技术，又不懂商业交易，生存很困难，很边缘化的。”任正非回忆当时的窘境。刚开始，他甚至考虑过墓碑和减肥的生意，后来经人指点帮助，才代理了香港康力公司的电话交换机，做起了贸易。

交换机是一条外线连接多台电话分机的转换设备，任正非在部队是通信技术骨干，算是干回了本行。极为关键的是，任正非无意中闯入的通信行业，在改革开放初期的中国存在巨大的需求，而整个世界，在随后的几十年间，因通信产业的日新月异而天翻地覆。

1978 年，我国固定电话年末用户只有 193 万户，书信、电报是人们的主要沟通方式。到华为成立这一年，全中国的电话普及率只有 0.38%，不到世界平均水平的十分之一。一部电话初装费要三五千块钱，相当于很多家庭一年甚至两年的收入，而且需要排队、请客。从 1986 年开始，国家对通信设备进口税收半免或全免，这项政策一直持续到 1996 年。只用十多年时间，中国固定电话用户从 100 多万户增长到 1 亿户。

“当时只要能搞到进口货，有多少要多少，不用发愁卖不动。”一名参与当年创业的华为老员工说。

任正非则在自述中讲到当年的艰难：“那时候我们人少，都是用公共汽车来运货物。没人帮忙，我就得自己背，背 20 米左右堆在那里，再去背 20 米……这样一小段一小段路地挪，货物要堆在看得见的地方，否则丢了怎么办？那时候公共汽车的售票员都很好，允许我把货物搬上公共汽车。”

土地拍卖第一槌

1986 年春节刚过，市委书记李灏收到香港律师唐纪德来信，信中建议，深圳应像香港一样，有偿出让土地，从土地上赚取市政建设及发展所需的大量资金。著名经济学家张五常在深圳讲学时则指出，没有土地市场就没有完整的商品经济体制。

1987 年 11 月，国家土地管理局向国务院提交试点报告，提出七条原则，其中包括：土地最高使用年限以 50 年为宜，到期无偿收回，使用者也可申请继续使用；土地取得方式为招标、拍卖、协议转让；土地转让收税，增值时收增值税；国有土地所有者代表为市、县政府，土地管理部门是所有者代表的办事机构。报告迅速获批。

作为土地使用权改革试点城市，深圳市政府决定 12 月 1 日依照香港模式拍卖一块土地。

当时的内地人还不知道什么是“拍卖”，也不知道拍卖槌是什么样子。为此，深圳市政府还特意向香港测量师学会寻求帮助。学会派人专程赶往英国，在一间百年木匠行定制了一柄枣红色的樟木拍卖槌，赠送给深圳市。

为了不出差错，深圳市规划国土资源局局长刘佳胜一行先后多次去香港观摩土地拍卖，对拍卖程序的每一个细节都进行了演练，对拍卖官的拍卖词都作了录音；还特意把“拍卖”改成了“公开竞投”，以免引起争论。拍卖会举行前，《深圳特区报》连续多天刊登了《土地竞投公告》。

当天下午 4 时 30 分，拍卖会正式开始，深圳会堂爆满。国家体改委主任李铁映、国务院外资领导小组副组长周建南、中国人民银行副行长刘鸿儒以及来自全国 17 个城市的市长到现场观摩。

刘佳胜亲任拍卖官，现场宣布：“本地块面积 8588 平方米，拍卖底价 200 万元人民币。现在，拍卖开始！”话音未落，会场上纷纷亮起了竞价牌。

数轮之后，报价定格在了 525 万元。刘佳胜喊道：“525 万第一次，525 万第二次，525 万第三次！成交！”随即槌音落定。

关键时刻出现了一个有趣的插曲，由于落槌太快，很多记者没有反应过来，便请拍卖官再落槌一次。场面实在太热烈，仍然有人没听清楚报价，于是不得不“第三次落槌”。三次落槌不涉及拍品价格的改变，为的是让更多人记住这一历史时刻。

这是推动中国宪法修改的一槌。

1988年4月12日，由第七届全国人民代表大会第一次会议通过的《中华人民共和国宪法修正案》第二条写道："宪法第十条第四款'任何组织或者个人不得侵占、买卖、出租或者以其他形式非法转让土地。'修改为：'任何组织或者个人不得侵占、买卖或者以其他形式非法转让土地。土地的使用权可以依照法律的规定转让。'"

改动的是宪法，改变的是整个中国。

从前凝固的土地价值喷涌而出，土地出让金在全国财政总收入中的比重逐渐上升，这个行业产生了数十位百亿、千亿级富豪。一部分普通居民因此富裕，他们的财富主要不是存款，而是价格日益高涨的房子。

1988 热门词 眼球经济

价格闯关

计划经济年代，无论钢材、手表、火柴、肥皂，几乎所有物资都要凭票购买。即便是小学生作业本、圆珠笔这样的商品也由国家定价，通常等五六个月，价格还批不下来。学生开学在即，这些必需用品却要等拿到批文后才能安排生产。

掌握计划物资分配权的人，只要批一张条子，这张条子就代表某项商品的巨大差价。倒卖批文、倒卖指标、倒卖票证就成了那个时代的“生意”。受到巨大的利益驱使，有的政府部门也办起了公司。“倒爷”的背后需要权力与背景，“十亿人民九亿倒，还有一亿在寻找”，“十亿人民九亿商，还有一亿在开张”，这些在当时广泛流传的顺口溜就是民众不满的充分体现。

媒体报道说，天津一家旅馆里，一位“倒爷”将手中的一张钢材提货单卖给同房间的另一位“倒爷”，每吨加价 200 元。第二位“倒爷”又把提货单卖给第三位“倒爷”，每吨又加价 200 元。就这样，这张提货单没有出旅馆，就倒腾了多次，“倒爷”们不费吹灰之力就获取了暴利。这批钢材的价格最后由每吨 700 元加到 1600 元。

还有媒体报道了一个更夸张的案例：在南京，1000 吨钢材原封不动被炒卖了 129 次，价格上涨近三倍，参与这一事件的有江苏、广东、安徽和湖北的 83 个部门，主要当事者是拥有专营权的物资流通部门。

腐败丛生，民怨沸腾，物价改革刻不容缓。

1988年7月，国务院决定，放开名烟名酒的价格，主要考虑这类商品不影响普通群众的基本生活。但放开以后，茅台酒的零售价由30多元一下子涨到140元。中华烟也由每包1元涨到12元。这么大的涨价幅度，给长期生活在计划经济氛围中的群众造成了巨大的心理恐慌。

8月19日清晨，中央人民广播电台广播了一条重要新闻：中共中央政治局在北戴河召开第十次全体会议。会议讨论通过了《关于价格、工资改革的初步方案》。

当天，全国各地就出现了抢购现象，情况可谓触目惊心。从大米到食盐，从草纸到电池，从衣服到鞋帽，从电扇到冰箱，见什么抢什么。着了慌的居民们恨不得将所有的纸币都换成看得见、摸得着的物品，恨不得将几代人所需要的东西都囤够。后来有人回忆，当时武汉有人买了200公斤食盐，南京一市民一下子买了500盒火柴，广州一女士扛回了10箱洗衣粉。混乱的秩序使得商店不敢敞开大门，只通过一道门缝一手交钱一手交货，门外是长长的队伍。

与抢购同时发生的是银行门前排起了挤兑的长龙。湖北有的县银行营业所因不能及时提款，柜台被愤怒的储户推倒。一些地方还出现骚乱。

8月28日，上海市政府率先采取紧急措施，食盐和火柴等生活用品恢复凭票供应，铝锅只能以旧换新或凭结婚证和户口本申请购买。

9月23日，中共中央政治局召开工作会议，决定开展“治理整顿”，随后紧缩财政信贷。1992 年，国家再次放开物价，完成价格闯关。

早在 1984 年，深圳就经历过物价改革的震荡。尽管这一年当地物价也曾一度狂涨，白菜卖到 10 元一斤，荷兰豆曾高达 20 元一斤，但市民表现相对平静。

眼球经济

1988 年，广州、深圳街头出现了一种前所未见的奇观。往来穿梭的几百辆出租车变了样子，车顶安装了顶箱广告，“胃药之王，三九胃泰”几个大字十分醒目，一时成了街头巷尾以及媒体的谈资。

在出租车上打广告的首创人叫赵新先。据说，“三九胃泰”这个冲剂颗粒名字，他抽了五包香烟才想出来。

1985 年 8 月 7 日，赵新先带着几个干部和工人来到深圳笔架山。当年的笔架山还是荒山野岭，只有一个早已废弃的饲养警犬的铁皮棚。赵新先当晚找了些木板在狗棚里住了下来。条件的艰辛可想而知，没有电灯，晚上点蜡烛；打手电开会、读书、算账；没有自来水，只能挖井挑水。吃饭到山边的武警支队搭餐，伙食标准每天一元多。

几个月后，深圳南方制药厂的两个车间、一条药品生产线就这样在这座荒山冒了出来。

仅仅花了 3 年，到 1988 年底，南方制药厂的产值已经达到 18 亿元，在“全国企业 500 强”中排名第 82 位。当时，华为还在蛇口南油的一栋破旧居民楼里办公，招商银行、平安保险刚刚起步，中兴通讯、创维等公司也才筹建不久。

1998 年，南方制药厂资产达 150 亿元，旗下拥有 100 多家企业，仅三九胃泰一个品牌就估值约 50 亿元。

南方制药厂的迅速崛起，是赵新先现代商业意识率先觉醒的结果。产品更像是一个道具，有多少人关注它才能转化为多少实实在在的金钱。数年之后，才有人将这一现象归结为“眼球经济”。

赵新先还是国内请明星为企业代言的首倡者。当著名演员李默然出现在中央电视台黄金时段为三九胃泰站台时，大多老百姓记住了它的名字。

纽约曼哈顿时代广场拥有巨大人流量，被称为“世界的十字路口”。1995 年 5 月 1 日，“999 三九药业”的广告牌矗立在第七大道和 48 街交界东南角，费用为每年 20 万美元。《纽约时报》等西方媒体纷纷报道了这一消息，将它视为中国经济崛起的一个象征。数年之后，华为等数百家中国公司的广告也闪耀在纽约时代广场的广告屏。

每个时代都潜藏着巨大的商业机缘，丰厚的回报总是奖励给最先觉醒的那些人。

这是深圳企业的觉醒之年。

就在这一年 6 月，赛格集团在新都酒店宣布与加拿大公司合作，出资上亿美元买下美国东部 95 家零售销售网点。这无疑又是一个标志，在不到十年的时间里，深圳从世界经济大循环的门外一脚跨了进去。

《激荡三十年》的作者这样表述：“1988 年可以被看成是这

样的一个年份：在此之前，中国民间公司的出现和发展是无意识的，它们更多的是为了让自己免于饥饿，而在此之后，对资产的追求成了新的主题……日后的事实证明，这些先觉者最终因为超前的远见得到了回报。”

蛇口风波

1988年1月，蛇口来了三个客人。在当年的中国，这三个人几乎妇孺皆知。曲啸、李燕杰、彭清一，口才奇好，身份是中国青年思想教育研究中心报告员。他们不仅常常在电视等媒体露面，还常到全国各省、市巡回演讲，被称为“启迪青年灵魂的工程师”。

1月13日夜，蛇口招商大厦9楼会议室。共青团蛇口区委负责人主持了三位教育专家与蛇口青年座谈会。

意外的是，这一谈，谈出了不同观念的碰撞。

专家说，特区需要创业者，不需要淘金者。

蛇口青年说，谋生赚钱，没有触犯法律，又为国家交税，淘金有什么不对？美国西部不就是因为淘金者发展起来的吗？

专家说，美国姓“资”，我们姓“社”，没有共同之处。

蛇口青年说，这样僵化地划分姓“资”姓“社”，怎么去吸取人类共同的文明成果？

尤其令专家不理解的是，他们对蛇口青年的拼搏精神热烈赞扬却不被领情。一个青年说，刚才三位老师对蛇口人包括对蛇口青年作了高度评价，差不多是完美无瑕。但蛇口青年也是人，和内地青年没有本质区别。讲大话、空话没有用，你们去合资厂、独资厂待上一年半载再作评价会实在一些。

专家对深圳到处是外国汽车十分气愤。有青年问，你气愤什么？我们的汽车工业刚起步，在全球经济趋于一体化时，有外国产品是非常自然的事。

一位蛇口青年发言说，三位老师的思想在蛇口是没有市场的。三位老师的演讲在内地有反响，在蛇口这地方就不一样。蛇口很多青年在独资公司工作，我不害怕对你们讲真话，香港老板不会炒我鱿鱼。在内地就不敢畅所欲言，这其实是很简单的一个道理。专家问青年的名字，青年大方掏出名片递了过去。

座谈会结束，情况变了。一份《“蛇口座谈会”始末》的材料就写了出来，上报深圳市相关主管业务部门。那个递名片的青年的名字也上了材料。材料指责蛇口青年存在明显的错误思想，已经走上歪路。

《蛇口通讯报》作出了反应，2 月 1 日，头版发表《蛇口青年与曲啸李燕杰坦率对话——青年教育家遇到青年人挑战》，扼要介绍座谈会过程。《羊城晚报》随之跟进，对座谈会进行报道，引发热议。北方因之波动，《中国青年报》《新观察》以及各地方报刊发文评论，持续发酵。8 月 6 日，长达 7000 字的《“蛇口风波”答问录》见诸《人民日报》。一场小小风波最终引发世界关注，《纽约时报》《华盛顿邮报》等西方大报也加入了报道与评论。

袁庚说：“有两点可以明确表态：一、既然不是到这里来传经送道，就不能只允许一家之言；既然是座谈，就大家都可以谈。曲啸、李燕杰同志可以有自己的观点存在，也应该允许其他的观点存在。我们还是要提倡，坚持不论对内对外，不论是谁，不论什么流派、什么观点，只要不反党、不搞人身攻击，都可以让他们在这里发表，在这里交流，在这里探讨。但有一点要讲清楚，我们不欢迎教师爷式的空洞说教，听不得不同意见，甚至要问你是哪个单位的，叫什么名字。这种作风连我这个老头都不能容忍，青年人是不会欢迎的。二、我非常赞赏这句话——'我可以不同意你的观点，但我誓死捍卫你发表不同意见的权利。'希望记者同志一定要把这个观点报道出去，这是保卫宪法赋予的言论自由的神圣权利。所以，对那位被追问姓名并上了什么材料的青年人，我们一定要加以保护。"

平安旧事

带着袁庚给张劲夫（时任国务委员，主管财经工作）的亲笔信，马明哲忐忑不安地来到中南海西门口。警卫拦住他："信放这里就好了。"

恰在此时，一位正要进门的老同志下意识转过身问："是谁的信？给我看看。"然后他挥了挥手，马明哲如愿进入中南海——尽管很多书籍文章这样讲述，但这显然是一个不必当真的传说。实际上，进入中南海的人员、车号需要事先报备，老练的袁庚深谙政府运作细节，不会让马明哲如此尴尬。

但有一点是真的：没有马明哲那一股百折不挠的脾性，就没有今天的平安保险。

蛇口创立之初，劳工工伤事故难免，生病也时有发生。工业区要求雇主拿出劳务费用的 20%，用于工人养老、医疗等社会保障。这笔社保费用由工业区劳动人事处收取管理。

1985 年年初，联合国劳工署副署长在一次研讨会上指出，蛇口社保资金的管理方式不符合国际惯例。出席会议的蛇口代表是人事处调配一组组长马明哲。

就这样，社保工作从人事处分离出来，招商局蛇口工业区社会保险公司成立，马明哲主持工作。“社保公司已经成立，汇聚了工业区大量的统筹资金，将来要用作支付职工退休金。”马明哲着急的是，“遇上通货膨胀，这笔钱放在银行肯定贬值。如果投资实业，也绝非稳妥，一是回报率低，二是资本变现能力差。”

“大家看到香港的商业保险做得不错，认定公司在工业区同样可以尝试。”马明哲开始办理商业保险业务。

中国人民保险公司蛇口分公司的异议书随之而至，指陈招商局蛇口工业区社会保险公司系无照经营。

为了这个执照，马明哲之后数十次奔波于深圳、北京之间，也因之有了前面独闯中南海的传说。

1988 年 3 月，中国第一家新型商业保险公司正式获批在蛇口成立。马明哲从香港太平、民安两家保险公司的名片获得灵感，为其取名“平安”。

最初的平安，仅有 13 个员工，3 台电脑。到 1988 年底，只用了几个月时间，两台电脑里已经录入了 1144 笔业务，收到 596 万元保费，又在深圳先后建立 84 个代理处。

1989 流行词 官倒的罪与罚

逆势增长

对世界历史来说，这一年有几个重要的日子。

11 月 9 日，远在欧洲的东柏林正举行一场记者招待会，东德官员沙博夫斯基宣布了松绑居民旅行限制。当记者问是否包括西柏林时，沙博夫斯基误会了上级指令，回答包括西柏林在内，立即生效。

消息传出，成千上万东柏林人涌往柏林墙，哨所的士兵没有接到开枪的授权，面对愤怒的人潮，打开了大门。

大批东德人通过哨所走向西德，他们欢呼跳舞拥抱，有人爬上了围墙，用铁锤把围墙砸碎。

一个在东柏林生活了 35 年的女人下班回家，她随人流走动，走着走着，突然发现，她已置身在西德的土地。这个女人是后来的德国总理默克尔。

有人突然放声大哭，成千上万人随之热泪翻滚，喜极而泣。

默克尔后来感慨，这个世界，没有什么不可以改变。

中国的这一年也过得十分不同寻常，经历了胡耀邦去世，外国制裁，物价风潮之后的严厉整顿与调整。

一些人利用职权将体制内的资源输送到体制之外，民众称之为“官倒”，深为痛恨。审计署对康华、中信、光大等公司进行了处罚。康华公司是当时国内最大的设备进口及出国旅行代理商，隶属中国残疾人福利基金会，享受税收减免政策。1990年，康华公司14家所属子公司被撤销，42家子公司并转。深圳也成立了清理小组，由李灏亲任组长，最终查出深韶钢筋公司倒卖钢材、河源博罗驻深办倒卖批文两宗大案，还清理了200多家违法违规皮包公司。

海外的制裁给全国经济带来不小的困难，经济增长率由上一年的两位数降至3%，而深圳却一枝独秀。1989年，深圳地区生产总值115.6亿元，同比增长了32.97%，被称为“百亿之城”。这很大程度得益于毗邻香港，转口贸易以及港资北上给深圳经济注入很大活力。盐田港第一个泊位在这一年建成并投入运营。

另一个深圳经济逆势增长的标志是外来劳工的涌入，这一年，前来深圳的农民工高达50万人。

巨人汉卡

1989年7月，正值暑假。一个身材瘦高的青年返回深圳大学，住进了人去楼空的学生公寓。

他叫史玉柱，身高一米八，体重才60公斤，看上去有些文弱。他从深圳大学软科学专业研究生毕业，随即下海创业。

集成电路的运用使计算机进入了一个全新的时代。个人电脑普及的最初二十多年间，中文如何融入这一科技领域成了最大的课题，计算机“汉化”隐藏着巨大的商机。1976年台湾朱邦复发明第一个汉字形码输入法——仓颉输入法，为中文打开了通往电脑世界的大门。随后朱邦复登报表示放弃专利，电脑在华语世界的运用得到很大的普及，朱邦复因此被称为“中文电脑之父”。1989 年，朱邦复带领一批年轻人在深圳科技园完善了当时最齐全的汉字字库，可以在电脑里生成 600 万个字形，实现了对汉字字形编码，即“全汉字技术”。

史玉柱有着对计算机汉化巨大商机的敏锐直觉。他发现，使用电脑还要另配一台专门的打字机才能完成中文输出，于是找朋友借了一台 IBM PC 机，在家里编写一个名为 M-6401 的文字处理软件。为了测试效果，他送了一套给原单位。软盘一装，漂亮的中文就能在电脑上直接打出来，单位的四通打字机从此被放到一旁没人用了。

他怀揣软盘回到深圳大学，借用学校的电脑固化字体、增加字库，使之能在同一界面进行录入、排版、编辑、打印，最后，M-6401 软件被压缩成一个卡，称为“汉卡”。它随时可以装上电脑，而不占用主机内存。

1989 年 8 月 2 日，国内权威媒体《计算机世界》以四分之一版的篇幅刊登 M-6401 汉卡广告。当月，史玉柱收到 4 万元汇款，截至 10 月，共收到 100 万。史玉柱把收到的 100 万全部投入广告，开了在报刊上投放整版广告的先河。随后短短几个月，史玉柱白手起家挣到了 3000 万。只用一年时间，巨人汉卡销量跃居全国同类产业之首，成为当时深圳的一个传奇。

随着计算机技术发展的日新月异，汉卡已经成为往事。但计算机的出现，深刻地改变了整个人类的生活方式，也改变了人类财富分配的构架。当然，也直接加速了深圳这座城市的崛起。

综观几十年来中国 IT 界风光一时的人物，他们无一不是依靠“汉化”起家。朱邦复、王永民等先驱，以及四通、联想、巨人、方正等企业，他们最大的贡献，是对计算机中文平台的搭建。没有这个平台，中文将被隔离在电脑世界的大门之外。百度、新浪、阿里、腾讯等巨型企业的诞生，首先要借助的就是汉化平台，依托巨大的汉语市场，再对接西方新型模式。

“深发展”

深圳发展银行的前身，是 21 家坏账很多的农村信用社。1987 年 3 月，深圳市委决定把它们整合起来，成立一家能为特区金融服务的股份制银行。一开始叫深圳信用合作银行。银行二把手王健回忆：“第三次去北京，没有等我说什么，陈慕华行长就说，这名字不好，特区要发展，你们就叫深圳发展银行吧。”

徐明天在《春天的故事》一书中记录了一个有趣的细节：当年有位记者去采访这家新成立的银行，在蔡屋围新十坊一号一座不显眼的 6 层小楼上下转了半天没有找到，只好亮起嗓子喊一个熟人的名字，由他带领走进一间没有任何装修的拥挤的小屋，这里就是银行筹备组的办公室。

1987 年 5 月 10 日，深圳发展银行首次向社会公众公开发行股票，发行价格为每股 20 元，计划发行 79.5 万股，实际卖出不到一半。

深圳街头包括菜市场都出现出售“深发展”股票的摊点，50 或 100 股一张券，每张券 1000 或 2000 元。只有沙头角那边股票卖得不错，而且多半是农民买的，他们跟香港的亲戚联系密切，认为股票是好东西。恰恰是在高学历、懂得经济知识的人群中，推销股票成了比较困难的任务。他们认为如果企业倒闭，股票可就成了一张废纸。一些单位要求党员作贡献，甚至对买股票的员工给予补贴。有的则把奖金及部分工资改为发股票。

谁也没有想到，20 年后“深发展”股票翻了几千倍。当年的 100 股券价值近千万。

沙头角的李老伯，没有买当时的原始股，两年后，花 546 元买了拆分后的“深发展”，随后搬去了香港。20 年过去，在箱底翻出了这几张发黄的股票，拿到银行去问，连营业部负责人都没见过这种样子的股票。总行派人陪着李老伯查找到证券登记原始资料，确认股票有效。当天下午，李老伯还取回了“深发展”历年股息共计 7800 多元，而经过送股、转增股，李老伯手中的 546 股已扩容到 8000 多股，按当日股价，市值已经超过 24 万元。

王健回忆：

“深发展”创立不久，诺贝尔经济学奖获得者、货币主义学派创始人弗里德曼在张五常先生陪同下，前来深圳发展银行考察。

弗里德曼很平易近人，但问起问题来咄咄逼人，他并不绕弯子，一上来就提出一堆问题，问得我们瞠目结舌。有没有公司法、证券法、会计法、合同法、交易法？有没有监察机关？如何公平公正公开交易？当时我们根本就没有。

他看我们很尴尬，他也明白中国当时的情况，然后婉转地说：“社会主义搞股份制是一个好的开始，也不容易。但是没有相应的法律法规，股票市场就会无章可循，就像潘多拉的盒子，打开了就收不回了。”又说，“你们的股票印得很漂亮，但更像钞票，不像股票。”

1990年12月1日，深圳证券交易所开始集中营业，“深发展”股票是新中国第一只上市的金融股票。

王健说，谁是中国第一只真正意义上的股票，至今很多人仍在争论这个问题。应该说，“深发展”才是真正的第一只。在此之前，飞乐音响和“深宝安”也都发行了“股票”，但是这种“股票”既保本，又保息，还分红，还可以退股，这算哪门子“股票”？甚至连企业债券都不是。而“深发展”不保本不保息，真正回到了“股票”的原有概念上。

“深万科”

万科股份化并不顺利。

1986年深圳市政府下达文件，要求国营集团公司系统推行股份制试点工作。当时特区经济发展迅猛，国有企业日子很好过，没有集团公司响应。王石看到这份文件却很兴奋，认为是自主经营的好机会。

通过朋友介绍，王石结识了在政府领导身边工作的秘书班子。市委书记李灏特意安排他的秘书不定期地约见有股份改造意愿的三家公司老总，听取公司改制的进展。

主管单位深特发集团听说市委同意万科股改，派了一个请愿小组到办公厅，要求停止干预企业管理，撤回相关文件。

王石说："我只有硬着头皮就去找市委书记李灏，这是我第一次面对面同李灏对话。市委书记的办公室很小，李灏坐在办公桌后面，手握一支毛笔，边听汇报边练习书法。听我们倒完苦水，他把笔一搁，一字一顿地说：'改革是非常不容易的事，你们年轻人不要急躁，要沉得住气，困难越大，就越是要注意工作方法和策略。'

"文件在办公厅耽搁了一个多月，我急得像热锅上的蚂蚁，最后是市委副书记秦文俊亲自做深特发老总的工作，才勉强同意。"

为了把万科的股票推销出去，王石在报刊一连发了 36 篇文章，介绍股票知识，还带头到闹市摆摊叫卖。有几次，摊点还摆进了菜市场。在工商局安排的个体户协会上，王石滔滔不绝讲股票投资价值。台下的人不耐烦喊，讲这么多空话干什么，想摊派，先报个数。

1990 热门词 炒股

是真的

小徐是深圳一家事业单位的员工，1987 年领导摊派任务，他买了 1000 股“深发展”。看着像奖状模样的股票，他满心失落，随手扔到箱底，心想，就当为国家买了债券吧。

仅仅相隔几个月，1988 年初“深发展”派息分红，小徐发现，利息高达 30%，他买的 2 万元股票，神奇般地变成了 2.6 万元。又过了几个月，“深发展”年中派股，二送一，小徐的股票变成了 1500 股。不久，又按 60%优先认购。

1990 年 6 月，“深发展”暴涨到每股 180 元。才几年时间，小徐压箱底的“奖状”变戏法般地变成数十万元，他以为是梦。

从沙头角农民到市委机关干部，每个手中持有原始股的人都经历了类似的故事，这个示范效应太不可思议了。

1989 年 12 月，“深安达”发行 500 万股原始股票，尽管当天气温很低，还时有细雨，但半夜就有人排队。由于供不应求，营业部临时决定每人限购 3000 股。开门，股票被一抢而空。

全国各地都有人闻风而动，冲着股票奔向深圳。红荔路证券公司门市部才 20 平方米左右，门里门外人头攒动，以至于周边的交通都经常堵塞。为了购买新股，很多人通宵达旦地在证券公司门前排队。当时还出现了“排队专业户”，代客排队，每个位子 200 元。

深圳车站、大街、菜市场、码头……到处都有黑市股票摊。有人车站买进，码头卖出，在街头巷尾炒差价。有钱的大户用上了 2 万多元一部的“大哥大”，它的黑市价格居然比柜台的价格高出一倍。面值 1 元的“深发展”，在黑市里被炒到 130 元。一些未获得上市批准的公司，擅自印起了股票，招股集资，参与黑市买卖。面对股市的火热，深圳市政府接二连三地向各单位发出通知，严厉禁止机关干部利用上班时间炒股票，并开始出手整顿股市。

深交所

据禹国刚回忆，1989 年，深交所筹备小组成立并开始办公。禹国刚任专家小组组长。经费不多，禹国刚就和同事在自己家的客厅办公。之后，他向中国银行深圳分行借了一套宿舍，将几位翻译资料的研究生安顿在这里，总算有了固定办公场所。在这套宿舍里，他们不分昼夜地翻译境外公司法、证券法、投资者保护法、会计制度、会计准则、交易所章程等，最终整理成 200 多万字的证券资料，铅印成《深圳证券交易所筹建资料汇编》。这本蓝皮书，是中国人认知股市的最初指南，为深圳证券交易所的建立打下基石。

申报筹备深交所，却迟迟不见中央回复。有领导干脆明说，深圳证券交易所这个名字太敏感了，你们要开业，这件事没人敢批。

开业迟迟得不到批准，当时深圳的股票交易乱象丛生。为避免乱到不可收拾的地步，1990 年 11 月 22 日，市委书记李灏带队来到深交所筹备组现场办公。

李灏一进会议室，还没等坐到沙发上，就蹦出第一句话："今天我们是来拍板的。"与会的人分两派意见，针锋相对。李灏要求将股票交易演示一遍，结果令人满意。为了不再节外生枝，他在会上最后强调，今天就是拍板定了，今后不再开会研究。

1990 年 12 月 1 日，深交所鸣钟开市。中国证券史上最重要的日子，却如此冷清，没有鞭炮锣鼓，没有人潮涌动。中央没有正式批文，主要领导包括李灏也不便出席仪式。

禹国刚站在副总经理王健身边，由王健拽动绳子，敲响钟声。9 点开盘，从开市到上午收市，成交"深安达"股票 8000 股。当时的交易，采用的是最原始的口头唱报、白板竞价的人工方式。

18 天后，上海证券交易所开始营业。而直到 1991 年 4 月 11 日，深交所才得到中国人民银行总行正式批准成立。此后，深交所在资本市场又开创了多个第一。而中国资本市场从无到有，从小到大，在新的时代，肩负起了新的使命，成为改革开放 40 多年来经济飞速发展的缩影。

文化是明天的经济

这一年，深圳除了股票火爆，火爆的还有华侨城的"锦绣中华"。

"锦绣中华"开工没搞奠基仪式，开业也没对外宣传，谁知首日入园人数就超过 3000 人，致使景区周围道路交通瘫痪。随后的节假日，每天都有 3 万多人涌入园中。深南大道不得不封闭一半，用来停靠车辆。有人统计，当时深圳的冲印店中 80%的照片是“锦绣中华”的景观。人满为患，华侨城只好在电视上播放广告，请深圳本地市民暂时不要参观“锦绣中华”。

“锦绣中华”创造了又一个深圳神话，开业第一年游客人数超过 430 万，仅用 9 个月就收回了全部投资。随后民俗村开业，仅用一年多时间就收回了 11 亿元的投资。接着，1994 年开业的世界之窗，高达数十亿元的投资，三年内全部收回。之后几十年，华侨城几大主题公园长盛不衰，2017 年营收高达 185 亿元，稳居包括迪士尼在内的全球主题公园前四强之位。

深圳华侨城原来所在的这块地方叫作沙河，背山面海，一共有 12 平方公里土地。当年这里有一个农场，叫作光明华侨农场沙河分场，属于国务院侨办管理。

建立深圳经济特区后，廖承志建议，在这里划出 4.8 平方公里的土地，像蛇口那样，建立一个工业区，吸引世界各地的侨资。1985 年，这个方案获得中央正式批准，并正式命名为“深圳特区华侨城”，由胡耀邦题字。

马志民以香港中旅集团常务副董事长兼总经理的身份，出任华侨城建设指挥部主任和华侨城经济发展总公司总经理。

马志民

马志民出生于广东省台山市白沙镇马洞上迳头村。17 岁参加东江纵队。广东解放，参与接收九龙海关，1958 年任宝安县委统战部部长。

如今的深圳依然留有马志民早年的许多痕迹，深圳水库、人民公园是他 20 世纪 50 年代主持兴建的，和平路与建设路也是他当时取的名字。

每个时代都潜藏着巨大的商业机缘，丰厚的回报总是奖励给最先觉醒的那些人。当然，也总是忽略一些循规蹈矩者。

重返深圳，马志民已有他全新的视野。他不认同把华侨城办成一个和蛇口一样的工业区，而是率先看到了旅游业在中国的巨大潜力与商机，明白了一个全新的理念：文化将是明天的经济。

“锦绣中华”开建，有人质疑他违背建立工业区的初衷，讥讽说，古有秦始皇修长城，今有“马始皇”修园区。他不为所动。

成功的要诀除了超前的理念，还有坚定的执行力。马志民这两点都不缺。

“锦绣中华”开业，马志民亲自找清洁工座谈，并拿出外国友人给他的信告诫大家，引用信中的话说，你们的厕所如果还是这样的话，你们仍然是不会得到世界的尊敬的。

游客习惯随手扔垃圾，清洁工立刻跟上清扫，于是，游客不好意思了，开始找垃圾桶了。走进“锦绣中华”的洗手间，洗手间管理员会面带微笑，为游客递手纸、拧水龙头、喷香皂液，甚至梳头、擦皮鞋。厕所给游客留下的印象比任何一个景点都深刻。

马志民主持建设华侨城主题公园，所有奇迹与成功的密码或许从一个小小的厕所里就可窥知一二。

1991 热门词 股灾

天下大势

早在 20 世纪 80 年代初，深圳电视台就已经建立，最初信号不强，连宝安都覆盖不全。内地人初到深圳，最惊奇的事情之一，是家家户户居然可以收看到香港的电视台。

1991 年元旦刚过，世界头等大事是海湾战争开打，战争进程超越所有大片，让全世界大为震撼。电视收视率也因之大增。战事贯穿春节前后，不到两个月时间，号称“世界第四大军事强国”的伊拉克空军战机损失大半，陆军的坦克成了靶子，海军整个军种消失了。电子战让伊军指挥系统瞬间瘫痪，仗没法往下打了。“二战”以来形成的主流战争经验在这一场战争中成为往事，人类战争的新时代开始了。

一个叫萨达姆的战争狂人，一个吞并科威特的决定，世界因之改变了。已经被制裁两年的中国迎来韬光养晦、和平发展的时机。

这一年的 12 月还发生了一个划时代的大事件，世界上第一个社会主义国家苏联解体，苏联模式的社会主义至此彻底画上句号。

深圳建市后的前十年，外资主要来自中国香港与中国台湾。20 世纪 90 年代初期，国际大型企业开始把目光投向中国。美国麦当劳的招牌出现在深圳东门；德国西门子旗下的海曼电光公司在深圳开业，这是他们在中国内地投资的第一家实体产业；日资也来了，八佰伴在沙头角开设内地第一家合资企业，理光在深圳投资一家以设计生产轻型印刷机为主的高科技企业；韩国三星也来了；美国 IBM 的万国思迅软件公司在深圳开张。

深圳也不失时机地做好了参与这场世界经济大循环的准备。8 月 21 日，蛇口首座万吨集装箱码头建成并开始试营业，而这一年 10 月 12 日，深圳机场举行了通航典礼。

股灾

面对股市的狂热，深圳市政府加码调控措施。涨幅限制到千分之五，印花税双向征收。禁止公职人员炒股的通知使得一些党政干部开始抛售股票。进入 1991 年以后，股指掉头向下，开始了内地股市建立以来第一个漫长的熊市。

1991 年 4 月 3 日，深证股价指数发布，当天基数为 100 点。有些难堪的是，指数发布后，尽管严格限制单日跌幅为千分之五，依然阴跌不止。1991 年 4 月 22 日，市场恐慌到了极点，全天交易量为零。

对于习惯了股价上涨的中国股民来说，这种下跌无异于晴天霹雳。全世界自有股市以来，每一次股灾发生的故事都是相似的，纽约 1929 年的“黑色星期四”引发的悲剧多次重演。恐慌，绝望，跳楼，逃债，从巅峰到低谷，区别只有时间、地点与惨烈的程度。到 1991 年 9 月，包括“深发展”在内，每一只股票的跌幅都超过了 70%。加上多次操作的税费，绝大多数股民本金所剩无几，他们的入市资金大多并非完全自有，而是通过各种方式筹借而来，之后的剧情自然也是雷同。

救市记

1991年7月10日，深交所救市会议。禹国刚与王健研究了海外成熟证券市场应对股灾的经验，认为必须救市。禹国刚说，深圳股市是个出生不久的婴儿，没有免疫力，也不具备自愈能力，必须用“特效药”！

与会过程中，王健突然心脏病发作，昏倒在会议桌边。会场大乱，救护车把他拉去医院抢救。市委书记李灏、市长郑良玉几次前往医院探望。

救市会议开了五次，最终，深国投等几家企业决定共同出资2亿元，由禹国刚、金明和病床上的王健启动救市。

以2亿元资金面对50亿元的市场，禹国刚的策略是“抓住龙头，以龙头带动龙身龙尾，别的根本不用去看”。

9月7日，“深发展”开市价仅13.7元，交易所将股价托至13.85元。9日，“深发展”抛盘不止，交易所5000手买盘挂入，很快就被吃尽；再挂，又是5000手，收市已上到13.9元。13日，“深发展”站上了14.5元。大户开始发现有主力资金托盘，但大盘依然不见止跌。

当年，深圳福田区园岭新村有一个“股市沙龙”，对早期股民影响很大。这个沙龙不仅走出了很多炒股大户，还产生了最早一批活跃于媒体的股评家。禹国刚虚虚实实地把信号透露出去。

在“股市沙龙”的影响下，股民在犹疑中入市，到月末，股市结束长阴，露出了红色，微涨0.8856点。

10月开市，股价强劲上扬，“深发展”很快站上26元。

11月14日，深证综合指数涨到136.94点，距离最低46.65点涨幅将近200%。证交所2亿元救市资金实用1.7亿元。

深圳证券交易所率先同步实现“四化”

1990年12月19日，上海证券交易所开业，拥有全世界第一个股票全自动交易的电脑网络系统，而发达国家的股市一直采用人工交易方式。即使是电脑技术使用较早的香港地区，电脑也只是用来辅助查看行情。而发达国家股市交易主体大多是基金，股票交易的数额大，笔数少，没有网络交易的迫切需求。而中国是股民多、笔数多、数额小，股市试点的教训是，人工交易的效率极低，内幕交易严重，股市混乱无序。因此，国务院要求证券交易尽快自动化。

访遍上海、北京科研机构，答复是没有先例，无法着手。

深圳有一个叫邓一辉的年轻人，1982年毕业于贵州大学计算机系。1987年他在深圳统建大楼租了一间办公室，办起了黎明电脑网络有限公司，最初的员工是两个深圳大学计算机专业的毕业生。

凭借自己掌握的最新网络技术和专业的研发实力，邓一辉签下上海证交所交易自动化系统设计开发合同，仅用短短的70天时间，研发出全世界第一个股票全自动交易的电脑网络系统，实现了无纸化、自动撮合、自动清算、自动过户，并做到了T+0

（证券当日交割结算），每天交易的笔数超过人工处理千百万倍，更重要的是股票交易真正实现了公平、公正。

1991年，黎明公司又为深圳设计了网络自动交易系统。伴随数字技术的飞速发展，黎明公司不断升级完善证券自动交易系统，无论在世界的哪一个角落，只要网络不断，股民就可交易股票。这项技术首创于中国，并始终处于证券交易自动化的前沿。

之后，在禹国刚的推动下，深圳证券交易所第一个同步实现“四化”——交易电脑化、交收无纸化、通信卫星化、运作无大堂化，深交所的证券交易系统技术水平至今仍处于全球领先地位。

十字路口的中国

China at the crossroad

1992 关键词“南方谈话”

考虑再来深圳看看

1991年夏，邓朴方到深圳考察。李灏前往其下榻的宾馆看望，聊天时，提到市委很想请小平同志再来深圳看看。邓朴方说：“老爷子有再到深圳看看的考虑，这次我回去以后再给他报告一下。您有机会去北京时，也可以直接去请一请，尽量争取今年冬天他老人家能来一趟。”

那天送走邓朴方，李灏留下了接待办主任张荣和姚欣耀，说，争取小平同志今年冬天能来，要先做准备。比如说，小平同志喜欢散步，他是不走回头路的，深圳迎宾馆就那么一点点地方，要看看怎么弄。

临近年底，市委接待工作非常紧张。每天都开碰头会，确定接待方案。吃饭、照相、参观……细到每件事都有预案。考虑老人已八十多岁高龄，接待研究最多的就是饮食。好在1984年深圳迎宾馆就接待过小平同志，那些菜单都还留着。

小平同志的警卫参谋张宝忠提前半个月来深圳检查了一遍。张宝忠还叮嘱，老人对吃的没有别的要求，主要是豆腐、青菜，不吃辣椒了。每天晚上用那种三钱的小杯喝大半杯酒，酒是自己带的茅台。住的地方也交代了一下，房间温度要23.5℃，高了不行低了也不行。小平同志坐的椅子也是自己带来的，年纪大了，坐沙发不舒服。此外，再没有什么特殊的要求。

桂园是小平同志1984年来时住过的地方，虽然有些老旧，但没有拆，拆了深圳会丢失一份宝贵纪念，于是进行了装修。后来小平同志来的时候还是住在桂园，邓朴方则住柏园。

为了小平同志散步的路线，李灏领着接待办负责人走了又走，商量围绕迎宾馆修一条小路，这样能够完整走一圈，不走回头路。

深圳五日

当年负责接待工作的姚欣耀回忆，1992年1月19日早上8时，迎接小平同志的车队准时出发，前往深圳火车站迎接。出于安全考虑，专列有两趟，第一趟是空的，第二趟来的才是本人，9点整到达。

列车徐徐停靠，车厢门打开，专列服务员把一块铺着红色地毯的木制下车踏板迅速放下。身穿深灰色夹克和黑色西裤的小平同志在女儿邓榕的搀扶下，慢步下车，前来迎接的省、市领导哗哗哗鼓掌。

小平同志乘坐一号车到达迎宾馆，刚进别墅，中央警卫局副局长孙勇就跑了出来，通知姚欣耀："赶紧赶紧，小平同志要看市容。"

原方案是安排午饭休息后参观市容的，预案一下打乱了，只得紧急安排警卫。这时小平同志就往外走了。小平同志说："深圳我还是出去走走看看好，坐不住啊。"

车队在市区慢慢地穿行，宽敞的马路，交错的立交桥，一栋接一栋的高楼，一座现代化的新兴城市展现在老人眼前。

回到宾馆，小平同志就说了一句，看来我也有失误啊。深圳发展这么快，我没有想到。要知道这个样子，当时要是把上海一起搞起来就好了。

从 19 日到 23 日，短短 5 天，老人家视察了皇岗口岸、先科激光公司，登上了国贸大厦旋转餐厅，还游览了“锦绣中华”民俗文化村，又到仙湖植物园亲手栽上高山榕。在仙湖那天，空气很好，他想在外面多转会儿，孙勇不同意，怕他着凉。拗不过没办法，他自言自语了句，真不自由。

5 天中，老人基本上是每天上午视察，下午在迎宾馆院内散步、打桥牌，生活非常规律。一次散步时，陪同的李灏讲到，中央改革政策还是好的，但是具体有些部门执行起来就有走样。这时，老人站住了，看着李灏，不吭气，李灏也很紧张。小平同志就问：“都是什么人？”李灏也不敢再继续说了。老人说：“是绊脚石把他踢走，是拦路虎把他牵开。”

1 月 20 日上午，在国贸大厦旋转餐厅，老人讲了 40 多分钟。孙勇说，老人家这几天的话，比在北京一年谈的还多。

1 月 23 日，一众从蛇口港乘快艇去往珠海。登上快艇前，老人停住了，回过头再次叮嘱前来送行的李灏：“你们要搞得快一点。”

从深圳坐船到珠海一个小时，向来惜字如金的老人又整整讲了一个钟头。

老人讲话，话语朴素，一字千钧，从不拖泥带水。谈及“特区姓‘社’姓‘资’”的问题时，他尖锐地批评：“有的人认为，多一分外资，就多一分资本主义，‘三资’企业多了，就是资本主义的东西多了，就是发展了资本主义。这些人连基本常识都没有。”

新一轮改革高潮开始了

老人离开后第二天，广东省委书记任仲夷就来了，他详细听完姚欣耀讲述接待全过程，然后说：“你告诉李灏同志，新的一轮改革浪潮要来了。”

小平视察南方一事，原定为绝密，不得外传。但春节一过，《深圳特区报》以“猴年新春”为副题，14 天内连发 8 篇社评，署名“本报编辑部”，不提老人的名字，报道了“南方谈话”的重要观点。

3 月 26 日，《东方风来满眼春——邓小平同志在深圳纪实》见诸《深圳特区报》，引发轰动。新华社向海内外播发了这篇长文，全国所有重要报刊都予以转载。

“南方谈话”解除了党内关于市场经济姓“社”姓“资”的困扰，明确了继续改革的方向，成为中共十四大的指针。

一些党史专家评价“南方谈话”为“邓小平理论”的最高概括和总结，成为《邓小平文选》的压卷之作。

“8·10”事件

1992 年 8 月 10 日，夜。李灏代表市委宴请陈慕华副委员长。正吃饭，不断有人进来，嘀咕耳语，饭没吃完，市长郑良玉就匆匆走了。吃完饭，李灏才知道，出大事了，股民已经上街游行，深南大道交通堵塞，人们砸了商店，还把红荔路交通银行门口的汽车推翻烧了，警民发生冲突。李灏赶往市委大院，看到街上信号弹都打起来了，群情激愤，游行队伍马上就要到达。连距离仅 150 多米的会议室都来不及去，李灏在传达室召开临时会议，当即拟了五项公告：规劝市民不可冲击市政府；要保持秩序；坚决惩治腐败；决定再发售 500 万份抽签表；明天还在原来地点购买。

李灏事后回忆："没什么别的办法，只能寅吃卯粮，把明年的股票额度提前到今年发行。因为股民都是冲着股票来的，这是最简便易行的办法。事不宜迟，就这样定了，撤职法办我一人承担。"

决定以后，连起草文件都来不及，草草写了几条，拿到广播车去广播。郑良玉也紧急发表电视讲话。股民一听还有抽签表可买，就纷纷散去，到发售点排队去了。"8·10"事件得以平息。

事件源头可往前追溯。1991 年 9 月，深圳政府筹资救市。短短两个月内，深成指由低位上涨 300%多。1992 年 5 月 21 日，上交所放开股票的价格限制，引发股价一天翻番，越来越多的人相信，股票能让人一夜暴富。

6 月，深圳将发行新股的消息已四处传开，沿用 1991 年的发行办法，买表抽签。一张表 100 元，中签率 10%，每张身份证可买 10 张表。就是说，每个人都有中签机会，花 1000 元，在二级市场能赚到两三万。

7 月下旬开始，各地的股民纷纷南下深圳，在抽签表即将发售的前几天，广州至深圳的火车票被炒到 400 元一张。深圳大小酒店全部爆满，许多人不得不露宿街头。书店、报摊所有带"股"字的书籍被抢购一空。

一个江西农民带来的身份证装了一个麻袋。邮局大小包裹堆积成山，里面装的全是身份证，最重的包裹将近 18 公斤，里面的身份证有好几千张。银行汇款陡增，短短时间内汇入的资金高达几十亿元。

原定 9 日售表，7 日下午各销售点街道人头攒动，排起了望不到头的长龙。

8月8日，街头拥挤人数已超过百万。一天一夜，白天暴晒，晚上难眠。满地都是塑料水瓶与饭盒。为了不让人插队，男女老少，顾不上体味汗臭，前胸贴后背，紧紧抱在一起，谁也不敢放手。上百万人就这样在深圳各个街头连成了条条长龙。一连几十个小时，很多人滴水不沾、粒米未进，不敢合眼。下午 4 点，一场大雨袭来，任凭汗水雨水湿透全身，也没有人敢离开队伍。去厕所是不可能的，全靠夜间就地解决。街道弥漫出从来不曾有过的气味。

9 日上午，抽签表出售，不到两个小时，所有售签点窗口拉下，宣布销售完毕。

上百万人守候两天两夜，每个销售点竟然只有排在前面的几十人买到了抽签表。与此同时，“黄牛”手握抽签表出现了，以每张 500、700 甚至 1000 元的价格兜售。人们心中郁积的愤懑与失望爆发了，酿成了中国证券史上震撼一时的“8·10”事件。

这一次买表抽签，还成就了中国证券史上无法回避的股市大鳄，那就是日后的“德隆系”——唐万新。

唐万新，为人豪爽，不拘俗规，两次考上大学都中途退学。早在 1986 年，他就做彩照冲印业务赚了钱，但此后做生意一直亏损。中国股市创立之初，他开始到股市上找机会，通过倒卖，赚取差价。深圳发行新股，他灵机一动，以德隆公司的名义，组织新疆游客免费到深圳旅游。天上掉馅饼，应者云集。他包了几列火车，带着5000多人，浩浩荡荡开赴深圳。这批人每人领了一张小板凳，抱团排队申购抽签表，由德隆公司送水送饭，一时传为谈资。

这一场豪赌，唐万新赚了多少钱无人知晓。日后，他在中国股市造就了一个金融帝国，控制资产一度超过1200亿元。2004年12月，武汉市检察院以“涉嫌非法吸收公众存款”为由，对唐万新发出了逮捕令，后将其羁押于武汉市第二看守所。2006年，唐万新因非法吸收公众存款和操纵证券交易价格罪等被判处有期徒刑8年。曾经盛极一时的金融帝国轰然倾塌。

市场经济就是法治经济

经济特区初办时，外国友人对吴南生说，要外商投资，没有法律，谁敢来?

深圳必须通过立法把改革的主张、政策上升为法律，保障市场经济在经济特区内可以顺利推行。试验成功，再在全国推广。

几届市委领导都向中央要立法权，没有通过。

1992 年 6 月底，授予深圳立法权之事，提到了七届全国人大常委会第 26 次会议的议事日程上。深圳市人大常委会主任厉有为去之前，打听到之前没有通过的原因，是上海、广东的全国人大常委会委员坚决反对。厉有为到了住地，行李一撂下，就去找广东省人大常委会副主任杨立打听他的意见，还请求借发言稿看看，然后直奔复印室。由于眼睛不太好，急匆匆一头磕在门上。印完一看发言稿，哎哟不得了，稿子里有六七条意见，其中一条说授予深圳立法权是“违宪”。

全国人大常委会委员长万里听到情况，当即请专家发表意见，确认授权并不违宪，然后做广东省人大常委会领导的工作，说明这是党中央的决策。最终授予深圳经济特区立法权得以顺利通过。

回到深圳，市人大常委会立即把香港的法律全套弄来，作为参照。首先研究市场主体 —— 企业的立法。股份有限公司条例、股份合作公司条例、有限责任公司条例、合伙公司条例先后出台。之后，深圳制定了高新技术产业园区条例、技术秘密保护条例、创业投资条例、科技创新促进条例、技术转移条例、知识产权保护若干规定等多部法规，为培育出华为、中兴、腾讯、比亚迪、大疆等一批具有国际竞争力的创新型企业提供了法律基础。

2007年，深圳制定《深圳市居住证试行办法》，摒弃“暂住”“外来”的概念，淡化户籍区别，迈出户籍制度改革的一大步。

清水河大爆炸

那一声巨响并不尖利，沉闷而伴随万钧之力，大地为之颤动。深圳每一个角落的生命都听到了，1993年的所有记忆几乎都被这一声巨响覆盖。

8月5日，下午1时26分。清水河危险化学品仓库里违规存放的大批量化学原料引发火灾，随即导致了爆炸。

浓烟夹杂一个巨大的火球翻滚，直冲数百米高空，如同原子弹爆炸，形成一朵可怕的蘑菇云。

方圆数公里建筑物摇晃，玻璃被震碎，随着一声接一声的零星爆炸，砖石钢筋杂物抛向空中，四处砸下。附近居民以为发生地震，在哭喊声中四处奔逃，一些人被碎石、玻璃砸中，浑身鲜血。医院急救室顿时人满为患。

这一声巨响很快惊动了广州、北京，让每一个了解爆炸现场情况的人都惊出一身冷汗。爆炸中心南面30米处是存有240

吨过氧化氢的仓库，稍有化学知识的人都知道，这是一种爆炸性强氧化剂。而距仓库仅200多米处，是拥有8个燃气大罐、41个卧罐的液化气站，还有刚运到的28车皮液化气。市委负责人急令将车皮拉走。有关部门还在担心火势猛烈铁轨变形，对方回答："立即拉走，否则提头来见。"

情况万分危急。如果仓库炸了，引发液化气连锁反应，方圆数十平方公里将被夷为平地。而清水河距离国贸大厦只有4.2公里，最坏的结果是，整个深圳将从地图上被抹去。

电视台中断正常节目，插播了这一突发事件。深圳二线关口出现了从未有过的情景，出关车辆排成了长龙，入关门口人迹罕见。而1992年8月10日那场股灾前，二线关入关口人山人海，出关一侧门可罗雀。

广州、东莞、珠海、佛山、中山、惠州等地消防车赶赴深圳，军区防化部队赶赴深圳，救火队伍多达万人。

保住仓库就是保住深圳，现场指挥部迅速决定，在火区与气罐区之间抢铺水泥隔离带。3000名武警官兵扛着水泥袋冲入火场，没有时间配备工具，很多水泥袋是这些官兵用牙咬开的。

《深圳商报》记者赵青也冲入了火场，用相机拍摄现场资料，刚按下快门，又一声巨响，蘑菇云再次冲天而起。两名公安局副局长当场牺牲。赵青连同他的相机被爆炸的巨浪抛上空中，又重重地摔在地上，当场昏迷。后被抬入医院，腰部缝了18针，左脚跟骨粉碎性骨折，差点被截肢。那部残破的相机连同长焦镜头后来被送往北京展览，成了记录现场惨烈的第一手物证。武汉大学曾请赵青作报告，他跛足走上讲台，站在那里整整哭了十多分钟，一句话也没说，就下了讲台，会场留下久久的掌声和泪水。

第二次爆炸，方圆数公里内的建筑物再次受到波及，一列开往香港的火车玻璃全部被震碎，伤及多名乘客。通红的火球四处乱飞，清水河 14 座储物仓、两幢办公楼、大批货物熊熊燃烧，附近的三个山头也是一片火海。世界末日仿佛近在咫尺，但是奇迹发生了，天佑深圳，风向改变，乱飞的火球竟然没有烧到只有 30 米之隔的仓库。

8 月 6 日上午，险情排除，余烬直至半个月后才彻底清除。这一场灾难致使 15 人献出生命，800 多人重伤。

洪水围困国王

1993 年 9 月 26 日下午 3 点，尼泊尔国王比兰德拉及王后在警车开道的迎宾车队护送下，入住富临大酒店。不巧正逢狂风大作，暴雨倾盆而下。

深圳年年都有汛期，低洼路段也会短期积水，通常不会引发太大的灾害。但这一场台风引发的暴雨不同寻常，下午 5 点多，和平路就出现积水。短短一个多小时，水位已接近富临大酒店输油管道口，一旦油管进水，发电设备无法运转，酒店设施将面临瘫痪。

市长厉有为前来拜访国王，不得不脱了皮鞋，蹚过积水进入酒店。待会见完毕下楼时，罗湖的富临大酒店及香格里拉酒店的地下室、车库已全部淹没。市政府工作人员调来一艘汽艇才接走厉有为。

下午 7 点，深圳水库超过警戒水位，出现险情，被迫泄洪。

深圳河水位猛涨，漫过堤坝。城区无法排水，出现倒灌，喷水高达 1 米。街道上车辆遭水没顶，一些出租车被淹到只剩顶灯。6000 多家底层商铺全部泡进了水里，服装、烟酒、茶叶、果品等货物漂浮在水中。一些市民开始上街捕鱼。

晚上 9 点，整个罗湖区一片汪洋，富临大酒店已完全被洪水围困。电梯无法运行，服务员只得攀爬楼梯到 25 层，给国王及随行人员提供服务。

27 日早上，市委从蛇口调来快艇，决定将尼泊尔国王及王后转移至安全地带。

洪水直至 28 日才彻底退去。这一场洪水留下的，是对城市改造进程、人类活动与大自然关系的诸多思考。之后的十多年，深港合作对深圳河进行了全面整治，修建了多个泵站。最重要的是，此后深圳在国内城市中率先设立了水务局及气象灾害预警系统。

葵涌大火

深圳的 1993 年是一个罕见的多灾之年。6 月 16 日，大水淹了罗湖、福田；8 月 5 日，清水河大爆炸；9 月 26 日，特大暴雨再次来袭；临到年末，11 月 19 日，葵涌致丽玩具厂竟然发生特大火灾。

火灾现场是一幢三层厂房。为了便于管理，厂方将窗户全部用铁条焊死，四个出入通道封死三个，仅留一条狭长过道出入，两边还堆满货物。火灾前，消防检查发现厂方用 2 毫米铜线充当保险丝，严重安全隐患多达 13 处。

11 月 19 日 13 时 25 分，厂房一层东北角仓库起火，400 多名工人在这样恶劣的环境中，注定难以全部逃生。

一位名叫“西葫芦”的作者记录了一个女工的口述：

外面有人在叫“着火了，快跑啊”，几百人哭爹喊娘往那条狭窄通道跑，通道人踩人瞬间变成了人堆人，我被挤压到人堆里，无法动弹，那时我想到的就只是“死”，因为人根本无法从人堆里挣扎出来。后面的人踩着我们堆成的人桥就往外跑。我已经被踩得喘不过气来了，最下面的姐妹们已经被活活压死了。我只想：“天啊！放过我吧！我不过才来到这世上仅仅 16 年而已，你就这样让我匆匆地离开吗？”……在几小时的熊熊烈火中，我就什么也不知道了。

记得我从里面被别人抬出来时，他们根本没有把我当成活人，只当我是一具送往火葬场的尸体。两人抬出来用力地扔到一边，可就在我重重落地摔得满嘴泥沙的时候，强烈的求生愿望告诉我一定要拼命地动。我模糊地听到旁边的人在喊：“这人没死，还能动！”

葵涌火灾创了当时深圳火灾事故历史之最，87 名务工人员丧生，尸体堆成了一座小山，伤残人员多达 51 人。

仅仅相隔 8 个月，中华人民共和国首部劳动法颁布，总则第一条便要求保护劳动者合法权益。

1994 关键词 深南大道

深南大道

这一年，一件不太起眼却改变了中国的事情发生在深圳。中国首列准高速火车在广深线投入运行，时速可达 160 公里。这是一个时代的界碑，自此中国开始高铁之梦。

另一标志性的事件是深南大道全线贯通，作为城市建设来说，这也是一个界碑。仅是短短的十几年时间，深圳向世界展现出国际大都市的模样。

深南大道全长 25.6 公里，路幅宽 135 米，中心区宽 350 米，沿线与 48 条南北方向的市政道路交会，成为一座城市的名片、缩影与风采。

如同香榭丽舍大道之于巴黎，但深南大道比香榭丽舍大道足足长了二十多倍；如同长安街之于北京，但深南大道比长安街足足宽了十米。

一条路的童年

一切不过十多年光景。建市之始，深圳仅有两条总长不到 2 公里的水泥路：人民路和解放路。为了不让飞扬的尘土把外商呛回去，市政府决定改造一小段 107 国道。为支持经济特区建设，当时陆丰县深圳办事处动员 600 名陆丰建筑工人，从东门往西挖坡填塘，开始铺路。几乎没有任何机械设备，全靠手搬肩扛。最后铺沥青，用柴火熔化，装进一个重达二十多公斤的铁罐，由两个壮汉抬着浇灌，一趟下来，鞋子裤腿都被沥青粘到一起。有时，滚烫的柏油连鞋底都烫穿。当年铺成的深南路，从蔡屋围到尚在规划中的上步工业区，全长 2.1 公里，宽约 7 米，两部卡车会车，稍不留神，就会开到沟里。路边全是荒坡野塘，那时候，深南路上还有日本人当年修筑的碉堡，一座三层的明堡向西，还有五六座暗堡一字排开，一直延伸到现在的华强路路口。

“违章”建筑

如果仔细观察，现在深南路旁的历史地标电子大厦与别的高楼不同，明显离道路中心线近了许多。这座大楼当年被列为违章建筑，差点被拆了。

高达 69.9 米的电子大厦于 1981 年开建时，深南路仅宽 7 米，而规划的深南大道宽度究竟是 50 米还是 60 米，尚在争论。几十万人口的深圳，以当年的眼光看，50 米实在太宽了，于是，电子大厦就按路宽 50 米的规划打地基。

1983 年夏，当年的深圳市委书记到新加坡考察，深受新加坡花园城市的景观震撼。回深圳后，确定深南大道自上海宾馆以东规划宽度为 60 米，以西规划宽度为 130 米。两侧各留出 30 米的绿化带，中间也设置宽达 16 米的绿化带，以备修建地铁。

当时的设想是，地铁从地表开挖。按这个规划，电子大厦已占道“违章”，市委下令停工，甚至有拆除重建的打算。

项目已经投入巨资，主体工程则近尾声，拆除后果自然极为严重。最后，电子大厦得以幸存。

生态之美

如果用无人机俯拍深南大道，那简直是一场美的视觉盛宴。罗湖区狭小的地面，拥有密集的高楼森林。而深南大道，则是一条由摩天大楼组成的长长峡谷，扑面而来的是人类创造力的震撼。薄暮将临，眼前则是灯光与色彩构成的绚丽河流，辉映夜空。出上海宾馆之西，“峡谷”陡宽，绿化带碧树红花，鲜花的色彩构成缤纷的图案，绵延达数公里之远。

笔直的道路在华侨城画出一道不经意的弧线，无论从天空俯瞰还是行走于深南路上，都仿佛进入了另一个天地。没有高楼的压抑，没有都市的喧嚣，椰林、绿树、繁花、流水、鸟语、虫鸣，每一种感官都被大自然亲切地抚摸。因为华侨城的变化，深南大道仿佛成了一段音乐，从管乐的雄浑转入弦乐的抒情。

如果只有高楼的压抑，那将是对美的亵渎。而眼前的深南路，找到了一座城市的节奏与层次。

一个人和一个理念

孟大强，20 世纪 30 年代末生于北京，电影《城南旧事》似乎是对他那一代人生存环境与氛围最好的诠释。他毕业于台湾成功大学，后赴欧洲学习城市规划，在德国、英国、西班牙、新加坡等多个国家都留下了城市规划成功案例，曾担任新加坡城市规划顾问，著名的圣淘沙、新加坡大学规划均出自他的手笔。1985 年，孟大强出任华侨城规划总设计师。

深圳经济特区建立后，到处移山填海，深南大道每延长一步，推土机就轰轰隆隆开到那里。

孟大强来到华侨城，沙河企业正推山头搞基建。孟大强见到马志民的第一件事，就是请求马上撤回开进华侨城的推土机。

他带来的，是一个超前的原生态理念。规划强调保护自然环境，尽量不改变地形地貌，不破坏自然植被。一棵老树，一块巨石，一湾溪水，甚至一间破屋，能保留的都保留下来。

在孟大伟的规划中，华侨城的所有道路、房屋、绿化都是依照自然的坡度、曲线进行，没有一条笔直的大道。除中心广场步行街有局部高层外，其他建筑一律控制在 6 层以下。华侨城内学校紧靠着燕晗山。燕晗山山脚下有一个小山包，如果炸掉推平，既省钱又方便施工，但设计却把这个山包保留在建筑的下部第一层中，让建筑与大自然融合在一起，带来了全新的美感。塘朗山有几个池塘，是山溪汇流而成的，农民在那里养鸭子，孟大强坚持保留下来。现在那里叫作波托菲诺纯水岸，房价奇贵。深圳主城区的原生地貌和生态环境，现在还在华侨城得以保留，这是一笔巨大的历史遗产。这笔遗产，是人类的城市之根。如果连根也丢失，人类将沦落为大地的弃儿，再也找不到回家之路。

原野股票欺诈案

当财富与金钱出现之后，人类的罪恶也尾随而至。

股票这种金融游戏进入中国，立即掀起狂潮。在成百上千万参与者中，有一个与众不同的参与者，叫彭建东。

他的经历至今扑朔迷离。传说他是潮汕人氏，出身贫寒，坐过牢。又有人说他读过美术学院，为人儒雅。《亚洲华尔街日报》采访过他，他坦言创业之前的困窘：参股公司的资金，是他向香港的一位舅舅拆借来的。

深圳原野纺织股份有限公司成立于 1987 年 7 月 30 日。注册资金 150 万元，两家国企占股 60%，港资占 20%，彭建东和另一个人各出资 15 万元，各占 10%。在当年的深圳，这种小公司多如牛毛。

神秘莫测的是，仅用一年多时间，几经股权转换，彭建东完全掌控了原野。到 1989 年 3 月，香港润涛公司占股 95%，润涛董事长便是彭建东。

原野最初只是一个传统的纺织小公司，彭建东组织了“原野当代书画展”，向社会广泛征稿，“原野时装”也在首届深圳时装节大出风头，引起社会关注。随后，原野完成对深圳大华企业有限公司和深圳市国际贸易公司的收购。原野就这样成为深圳最早上市的五家公司之一，1990 年 3 月 3 日挂牌上市。原野售股章程称：公司已发展成以深圳为依托，走向海外的多功能、多元化、跨地区、跨行业的外向型集团式企业。

从无到有，招股只用两年多时间就令人眼花缭乱地完成了。奇妙的是，这份招股说明中，找不到“彭建东”三个字。

上市仅 7 个月，原野暴涨，股价已升到 135.09 元。

1991 年，原野公司公布了 1990 年度财务报告，声称利润为人民币 3199 万元，较上一年度增长 29 倍，引发股民跟风买入。而此时，彭建东“亲自挂帅”，抛股变现，包括 1843 万法人股也卖了。

1990 年，彭建东搬进价值数百万美元的香港海滨豪华别墅，1991 年又在香港买了一栋价值 4400 万港元的日式花园，与李嘉诚住到了同一个山坡上。

1992 年 4 月 7 日，中国人民银行深圳经济特区分行发布公告，有关部门以危及股民利益安全为由对原野当事人监视居住，法院同时介入调查。7 月 8 日，原野停牌。

1994 年 1 月 3 日，原野更名“世纪星源”复牌。1995 年 9 月 28 日，深圳中级人民法院以挪用公司资金罪与侵占罪判处彭建东有期徒刑 16 年。

原野欺诈案是中国股票史上第一桩操纵案。把公司当道具，包装上市，掌控话语权，财务造假，编造故事，收割“韭菜”，以后总有“庄家”“大鳄”变着花样重复同一套路。有人讥笑，几十年过去，后来的股市老千比起彭建东还略有差距。

1995 热门词 互联网

互联网元年

5 月 17 日，世界电信和信息社会日。1995 年的这一天，邮电部宣布，向公众开放互联网服务。很少人意识到，一个翻天覆地的时代在这一刻已经到来，连各大媒体也没有把这件事当作什么有价值的新闻。

依靠电话拨号上网，不仅网速奇慢，还时常掉线。当年，全国互联网个人用户加起来不过几千人。

“中国人离信息高速公路还有多远？向北 1500 米！”这句中国网络史无法忽略的广告词出自一个女生之手，这个女生叫张树新。她在北京开办了一个科教馆，每天开放 12 个小时，免费讲授网络知识，一遍又一遍呼吁，信息产业是中华民族崛起于世界的一个重要机会。

她创办了中国第一家互联网企业“瀛海威”，“进入瀛海威时空，你可以阅读电子报纸，到网络咖啡屋同不需见面的朋友交谈，在网络论坛中畅抒己见，还可以随时到国际网络上漫步……”它学习美国在线商业模式，新闻、社交、购物、游戏无所不包，相当于现在的新浪等门户网站加阿里巴巴加腾讯。中国人的网络意识很多就是从这里萌生的。

瀛海威最终退出互联网江湖，唯一的错误是觉悟太过超前。这几乎是一个规律，超前者不一定是胜出者，胜出者往往出现在最适宜的时间。

信息时代的大门在中国开启了，习惯中的传统“剧目”逐一退场，新浪、百度、腾讯、阿里巴巴以全新的面貌扮演主角，而信息产业的另一支大军——通信设备，也开始成为中国经济的一大支柱。

每一份成功都来得吝啬，需要造物主安排一个最恰当的时机。人如此，一座城市何尝不是。深圳诞生于信息时代来临的前夕，这是一座城市的宿命。

国营的，民营的，改制的

几十年来，房地产业的飞速发展，带来了中国人对通信设备的巨大需求，每一栋新大楼，每一个新家庭必需的配备，就是电话。而电话的关键设备，便是程控交换机。

20 世纪 80 年代初期，一个叫许瑞洪的深圳大学教师发现，程控交换机在中国的需求量巨大。依靠倒卖台湾进口的交换机，他赚了大钱。

当任正非下海注册民营公司的时候，许瑞洪却怀揣大批订单回到北京，进入电子部第六研究所，并从研究所借款 28 万元办起了华科公司，一路风生水起。

1994 年，用进口配件组装的“华科 100”程控交换机问世，成本 2 万元，售价 7.5 万元。同年，北京体院旁的瑞洪大厦拔地而起。然而，好景不长，由于各种原因，曾经领跑全国通信设备行业的华科，最终还是昙花一现。

华科销声匿迹，华为后来居上。1994 年夏，全国电信高层会议在上海召开。华为将自主研发的万门程控交换机运到现场，安装、调试，当场操作。其实，万门程控交换机不是华为首创，早在 1991 年，解放军信息工程学院的邬江兴就主持研制出了中国第一台万门数字程控交换机，取名 HJD04。但是，华为的万门程控交换机解决了抗干扰难题，更重要的是，它以光纤代替电缆连接，大幅降低了成本，具有极强的竞争力。华为的展示，当场引起轰动。

自此，华为一骑绝尘，牢牢占据中国通信产业龙头老大的地位。20 世纪 90 年代末期，曾有巨龙、大唐、中兴、华为四大电信巨头争雄，号称“巨大中华”时代。但巨龙、大唐两大国企先后衰落，只有中兴紧随华为之后，始终保持活力。

中兴由航天部 691 厂、香港运兴电子贸易公司、长城工业公司创办于 1985 年，全称中兴半导体有限公司。总经理侯为贵听说交换机赚钱，于是把陕西省邮电器材一厂拉进来入股，正式进入通信市场。之后的中兴一度在众多股东的吵吵闹闹中经营不顺。

1992 年底，中兴的职业经理人与技术骨干集体出走，另外成立中兴维先通设备有限公司。他们远离闹市，来到当年连公共汽车都不通的大梅沙镇，埋头研发 2500 门程控交换机。

1993 年，中兴新通讯设备有限公司成立。新生的中兴，吸取长年内斗的教训，创立了“国有控股，授权经营”的管理模式。这个模式的核心是主管部门彻底放权，明确中兴维先通握有股份，承担经营责任，人、财、物全部由经营者全权处置。主管部门只问公司业绩，依据经营情况予以奖惩。

这个模式激发出员工的创造力，新的程控交换机只用半年便研发完成上市，几个月时间创造一亿多元销售额。

国有控股，授权经营，中兴的改制经验曾被理论界视为国企改革的一条出路。

自选超市

一直到 1994 年，深圳的商业中心还在罗湖的国贸、东门。华强北还相当冷清，到处都是工厂厂房，道路两边的杂草几乎与人齐高，街道上也看不到多少行人。

1994 年 7 月 17 日，万佳百货华强北店开业，“把万佳带回家”的口号十分煽情。由于开业前的宣传与传闻，深圳市民已对这家店充满了好奇。传说商店像个大仓库，里面应有尽有，不仅家电用品，连蔬菜鱼肉都可一次买齐。不用通过售货员拿货，自己推着车子，提着篮子，随便挑选，出门结账。这种零售方式真是闻所未闻。

开业当天，原本冷清的华强北一下人流暴增，顾客如潮水般涌进商场。商场内的购物车根本没法推，人们只好将购物篮举在头顶上，前胸贴后背往里面挤。

当天，万佳华强北店的营业额超过 24 万元。之后，华强北天天人头攒动，大多是来万佳购物的。一家接一家商店随之开张，华强北有如北京王府井、上海南京路，成为深圳商业一大旺区。而万佳华强北店单店年营业额达到 3 亿多元，创造了当时国内零售业单店最高营业额纪录。

万佳百货原本为万科旗下的零售公司，在全国有多家连锁店，依循陈旧的销售模式，一直亏损严重，以至于万科总部门外，时常有供货商堵门要债。

徐刚接手万佳之前，专程到美国考察阿肯色州的沃尔玛总部、山姆会员店、自选超级商场，大开眼界，醍醐灌顶。

自选超市货物品种多，堆积如山，对场地要求特别，面积要大，层高需超过 8 米。这样的要求，在深圳，只有厂房了。徐刚最先选了位于车公庙的厂房，已经开始装修，却被告知不能转作商用，于是只好选址华强北。

全新的商业零售理念引入中国，产生巨大经济效益，令国人耳目一新。各地零售行业老板纷纷前来观摩学习，然后复制。自选超市在深圳华强北开风气之先，更新了国人的购物习惯。

二次创业

Second undertaking

华强北，一条街道的传奇（上）

1

粤北清远的深山老林里藏着三家兵工厂，代号分别为8532、8500、8571，都是军用无线电企业。山区潮湿多雨，并不适合电子元件生产装配。1979年，广东拟建特区，一纸命令，三家兵工厂迁到深圳，改生产民用电器，取名深圳华强电子工业公司。

广东省领导在一片荒草中划了块地给华强。最初盖的厂房是油毡茅草顶，这片厂房被称为“上步工业区”。厂房北面有一条简易厂区马路，大家就叫它“华强北”。

2

来上步工业区的可不止三家兵工厂，电子工业部也来支援特区建设。1981年初，电子大厦开建，轰动一时。楼高近70米，20层，当年的中国，城市里大都是平房，十层楼房都很罕见。这是当年深圳的第一高楼，也是第一栋标志性建筑。

那时候振华路以北都还是一个个小山丘，红岭路那边基本没什么人烟，这栋楼立在荒地上十分显眼。一些到香港的外籍人士很好奇，不知中国搞特区的消息是真是假，于是就到深港边界的落马洲，用高倍望远镜观察电子大厦的施工进度。一些人就是看到电子大厦的建设情景，动了到深圳投资办厂的念头。

3

华强北最开始不过是一条冷清的厂区马路。

1986 年，电子工业部派马福元整合旗下众多各自为政的工厂企业，建立了赛格集团。1988 年，赛格电子元件市场在赛格工业大厦开业，解决计划经济电子元件采购困难的问题。开业之初，商户不过 43 家，租用柜台经营。到 1993 年，电子元件交易日旺，柜台扩展到 300 多个，上百家工厂、企业在此设点，年交易额突破 10 亿元，成为全国最大的电子元件集散地。尽管每天有数千客商云集于此，但基本都是业内人士，深圳市民很少光顾此地，华强北一带厂房周边依然杂草丛生。

4

万佳入驻，华强北迎来巨大转机。川流不息的人潮随之而来，很多商场企业嗅到了商机。女人世界、百姓购物城、三九人人购物城、千百意商场……几乎每周都有店铺来此开业，平价、仓储、连锁、时尚无所不有。餐饮也随之红火。原本单纯的电子产品市场，一下成了深圳最火爆的综合商业旺地。

早已闲置的厂房顿时身价百倍，业主纷纷清除周围灌木杂草，开门打墙，改造成商铺出租。

从这一年开始，华强北成为深圳一景，外地人到深圳，一是到华侨城看主题公园，再就是到华强北购物。随着香港回归的临近，加上售卖假货的负面新闻，沙头角则游人渐稀。

5

综合商业的火爆，进而促进了电子市场的兴旺。

电子配套市场不再局限于电子元器件，通信器材市场随之而来。“大哥大”、无绳电话、BP 机……所有配件齐全，各种型号、款式应有尽有。销售大厅一米见方的柜台挨邻接毗，人头攒动。每个柜台便是一户商家，仅靠一部电话、一个计算器、几个展示产品就做起了生意。小小的柜台，背后藏着一条巨大的产业链：高效的物流、仓储以及提供产品的工厂企业。柜台虽小，但营业额每天以数万数十万计。数年之后，华强北一跃成为世界最大的电子零件集散市场。

爱华市场的销售厅，又称科技市场，售卖电脑元件，配装电脑。这里站柜台的，几乎全是计算机相关专业毕业的大学生，懂技术，会操作，会组装电脑、配置软件，熟练而专业。这个市场，为日后的数码时代锻炼出众多硬件人才。

6

因为生意火爆，铺位供不应求，赛格集团推平旧的赛格工业大厦，在原址上建了一座与当时的亚洲第一高楼深圳“地王大厦”比肩的摩天大楼。

赛格大厦于 1996 年破土动工，72 层，高达 355.8 米，是当年世界最高的钢筋混凝土架构大厦。为与地王大厦争夺“亚洲第一高楼”，曾多次修改规划，最后屈居其后。赛格大厦裙楼一至八层是亚洲最大的电子市场，IBM（国际商业机器公司）、COMPAQ（康柏）、EPSON（爱普生）、ACER（宏碁）、

NEC（日本电气）、PHILIPS（飞利浦）等世界知名品牌电子元器件在此汇聚，被誉为“世界电子之窗”和“永不落幕的高科技产品展销会”，成为华强北持续十多年辉煌的一个显著标志。

随后，与赛格仅一街之隔的华强电子集团将工厂迁到关外，仿照赛格的模式，把原来的厂房改建成一个 6 万多平方米的“华强电子世界”。

有人回忆，华强电子市场发售，6 万多平方米铺面在 3 个小时内一抢而空。一张铺位的申请登记表，从楼上办公室拿到街上居然能卖 5 万块。

中国牛市

1996 年，证券市场开业的第 6 年，几经起落波折，股市再次迎来大牛市。新年伊始，深沪股市齐头并进，一路上扬。股评家大谈崇尚绩优股的投资理念，受到追捧。“深发展”年初股价 5.9 元，之后一路走高，到 5 月便冲上 19.48 元，随后除权送股，到年底又创下除权后 20.5 元的新高。1997 年 5 月涨到了 49 元。一年多时间，股价翻了近 10 倍。

“深科技”是深市又一狂涨的股票，尽管也被股评家称为绩优股，但明显由主力资金操控。股市普涨，“深科技”悄无声息，一直在 5 元左右徘徊。磨到 5 月，突然爆发，一天就翻倍，从 5 元涨到 10 元，之后震荡上扬，从 10 元涨到 80 元。

市政府出手调控，连续颁布《关于规范上市公司行为若干问题的通知》《证券交易所管理办法》等多项规定，俗称“十二道金牌”。

12 月 2 日，深成指从年初的 924 点直冲 4522 点，全年涨幅高达 389%。报纸文章说东北有农民卖掉耕牛筹钱炒股，一些单位公务人员上班溜去了证券交易所。

12 月 16 日，《人民日报》发表题为《正确认识当前股票市场》的特约评论员文章，批评证券市场严重过度投机，隐藏巨大风险。当日，证监会推行最高 10%的涨跌停板制度，引起市场暴跌。

中国股市的乱象，不能不靠政府干预；而政府频繁干预，又有违市场规律，这是一个巨大的悖论。

中国证监会原首席顾问、香港证监会原主席梁定邦律师谈到股市乱象的根源。一些经济专家也指出，问题源于把开办股市当作转移国有企业大规模亏损的一种办法，而不是选择绩优的企业上市。靠分配指标以解困，那些经济效益不好的企业，只能财务造假才能合乎上市标准，这是中国股市的一大祸根。上市后，为虚增利润，一些公司造假账，加价回购自己的产品，为剥离负资产重组、收购，手段五花八门。

另一个不合理之处是股份分置。所有上市的国有企业都存在非流通股与流通股，两类股份的权利相同，但持股的成本则有巨大差异，这造成股东之间的严重不公。

两者合在一起，为“庄家”炒作提供了天然的操作空间。

1996 年的股票牛市，曾在华强北留下一道特别的风景。

振华路上证券公司林立。短短一段路上，计有大连证券、平安证券、国投证券、江苏证券、华夏证券、潮州证券等，令人目不暇接，被市民戏称为“中国的华尔街”。

二次创业

深圳建立经济特区伊始，吸引来的投资商中不少是低端、附加值低、粗放型、污染环境的企业，例如小电镀厂、小化工厂、小印染厂等，生产中产生的“三废”严重污染环境。这些企业只有两条出路：要么转型升级，要么彻底淘汰。

1995年深圳党代会，市委书记厉有为做了关于“二次创业”的报告。报告指出，第一次创业为深圳经济特区打基础，第二次创业要调整产业结构，高速推进经济发展，发展高端服务业、金融业、高新技术产业，保护生态环境。

党代会开过不久，省委书记谢非找到厉有为，劈头就说：“有为，你底下闹地震了！下面的村主任联名要赶你走，说你侵犯他们的利益。”

产业结构调整，淘汰落后企业，显然会涉及村民利益。深圳办经济特区，各村的集体收入主要是靠与“三来一补”小企业合作得来的。一些村主任联名写信，把状告到了省委。

谢非先派人全面调查，不放心，又亲自到了深圳。最后，认定产业转型、扶持高新企业发展的方向是对的，还向全省推广深圳产业结构调整的经验。

这一年，深圳南山划出11.5平方公里的土地，规划建设世界一流高科技园区，称为中国“硅谷”。

那时，从华侨城到南山，到处都是荒山野岭、菜地、水塘。深南大道一侧，最醒目的是一块巨大的铁皮招牌，上书“深圳高新技术产业园”几个大字。

1997 热门词 回归

一个人，一座城[1]

1997 年，新年钟声刚刚敲过。北京城雪花飘飞，房顶街道，银花雪树，上下一白。

301 医院南端一座小楼的顶层，医生护士进进出出。一位老人因帕金森综合征引发剧烈咳嗽住到这里，已经 18 天了。

这一天，老人精神好转，可以看电视。当时中央电视台正播放纪录片《邓小平》，老人问身边的医护人员黄琳，电视里“是谁呵”。

黄琳笑了：“那就是您啊！”

老人看到电视中的自己，微微笑了。

黄琳知道他耳背，听不见，就俯身靠近他的耳边，把电视里面那些颂扬他的话一句句复述出来。这时，她忽然感到老人的脸上绽出一丝异样的羞涩。黄琳后来说：“不知道我形容得准不准确，那就是被表扬以后不好意思的那种感觉。”

2 月 19 日晚上 9 点 08 分，老人静静躺在病床上，合上了眼睛。卓琳与家人陪伴在他身边。卓琳俯身在老人耳边一遍一遍哭喊“老爷子”“老爷子”，但老人再没睁开眼睛。在场的医护人员一片哭声。

按照老人的嘱托，不搞遗体告别仪式，不设灵堂，解剖遗体，留下角膜，供医学研究，骨灰撒入大海。他好像什么也不愿

1. 参见余玮：《在邓小平逝世的日子里》（上），《党史纵览》2014 年第 6 期；《在邓小平逝世的日子里》（下），《党史纵览》2014 年第 7 期。

留下。

宇宙是一个多么无情的舞台。一切生灵登台演出，来了，又去了，无声无息。但生命的能量从来差别巨大，总会有人在舞台留下一点痕迹。

1997 年 2 月 20 日，《深圳特区报》出号外版，沉痛哀悼老人逝世，版面之肃穆，动人心魄。

深南路荔枝公园一侧，那幅巨大的邓小平画像依然静静立在那里。这幅画像一直被视作深圳地标，每年有数百万游客在画像前留影。这一天自清晨始，络绎不绝的深圳居民、游客默默来到这里，留下一束束洁白的马蹄莲、金黄的菊花，雪白的纸花堆满了画像前的台阶。

一个背影远去。仅仅一百多天后，香港回归的交接仪式在香港会展中心举行。这一天是 1997 年 7 月 1 日。老人曾经自己想过，很多人也想过，他会站在交接仪式的主席台上。但他没有。这个具象世界不再有他的音容笑貌。历史常常会因为一点遗憾让人印象深刻。

1984 年 1 月 24 日，深圳最高建筑——二十余层高的国商大厦。老人站在寒风吹过的楼顶，久久遥望远处的香港。两天后，他又站在蛇口“海上世界”游轮甲板上，注视海湾对岸的土地，一言不发。那一年，《中英联合声明》发表。“一国两制，港人治港，高度自治”，破冰的政治智慧往往朴实无华。

1992 年，初春。在国贸大厦旋转餐厅，在皇岗口岸，老人再次默默眺望香港。那时，《中华人民共和国香港特别行政区基本法》已经通过，一座城市的命运迎来新的转折。后来，他说：“我想到那里看看。”

“大围剿”

1

1990 年 11 月，身为湖北省副省长的厉有为率湖北代表团去罗马尼亚考察。一个星期后回到北京，中组部领导找他谈话，让他不要回武汉了，立刻到深圳任职。

厉有为回忆，“我当时就愣住了，事先一点都不知道，对深圳谈不上什么了解，只在 1984 年去过深圳一次，参加东风汽车展销会。我记得当时深圳四处是工地，有些荔枝林，没什么高楼大厦。给我印象并不是很好，因为政策放开了，物价很贵……当时深圳建设效率很高，住的楼是一个村开发的招待所，楼上还在建，楼下就已经接待客人了。”

之后，厉有为历任深圳市人大常委会主任、市长、市委书记，一连干了 8 年。

1997 年，一位与这座城市命运息息相关的老人去世。之后，市委书记厉有为经历了一场“大围剿”。两件事看似无关，却有着深刻的内在联系。对于处于改革开放前沿的深圳来说，这两件事构成了一个重要的标志：一个时代已经终结，又一个时代开始了。

2

1996 年，厉有为到北京，参加中央党校第 23 期省部级干部进修班，为期 3 个月。3 个月，厉有为哪里都没去，从阅览室到寝室，再从寝室到阅览室，收集了大量资料，重点阅读《资本论》等马列经典，做了不少读书卡片。他计划写 4 篇文章，其中着力最多的是《关于所有制若干问题的思考》。

党校几名著名教授对文章观点十分认同，提出修改意见。临近毕业，文章已六易其稿。班主任指定这篇文章为毕业论文。

毕业时，学校要选几个学员在结业仪式上进行论文交流。班主任把厉有为选上了，交流范围也就是同在党校学习的两个班，几十人而已。

交流后，反响强烈。老师和同学都要看这篇文章。厉有为请示班主任，班主任说可以给。行事谨慎的他还特意在送出去的文章上加上一句话："此文章请研究提出意见，不供发表。"

1997年上半年，北京开始掀起批判厉有为毕业论文的高潮，说"这篇被广泛散发的报告，绝不是一份普通的'学习'体会和'思考'，而是精心准备抛出的一份彻底改变我国社会主义改革方向的政治宣言和经济纲领"，说厉有为是"反马克思主义的修正主义浊流"。

紧接着，中国《资本论》研究学会、中国历史唯物主义学会、上海社科院的几个退休领导联名写信，向中央告状。之后又有五六篇文章，都是指名道姓地批判，加了20多个罪名。

《历史唯物主义通讯》上，有篇《厉有为意欲何为？——首都理论界人士批评厉有为同志所谓的一些"新认识"》，署名"首都理论界人士"，说厉有为"是从根本上否定了现实社会主义制度的历史必然性和优越性，否定历史辩证法，要毁掉我国全民所有制，搞私有化"。

但全国各地的学术界、社科界、理论界、新闻界也有很多人声援厉有为，支持文章的观点。

3

20 世纪 90 年代初期，大批国有企业亏损，越来越多的工人被迫下岗，之后的兼并破产，使许多国有资产转到少数人手中。在深圳，外来劳务人员为改革开放建设作出巨大贡献，但他们中的大多数却享受不到理应享受的民生保障。这就为每一个改革者带来一个问题：什么才是合理的社会财富占有与分配？

厉有为认为，生产资料占有的形式是人与人的关系、社会和谐等最本质的指标。

为了适应已经设定的建立社会主义市场经济体制这一目标，必须在所有制问题上有所突破。除了公有制、私有制之外，还可以建立多数劳动者占有多数生产资料的社会所有制形式。

少数人占有多数生产资料就是资本主义，然后生产资料占有进行演化，发展为多数人占有多数生产资料，就由资本主义发展为社会主义。

怎么实现呢？主要实行中小国有企业职工内部持股办法。

深圳在 1993 年就发了文件，制定了中小国有企业职工内部持股办法。以华为、中兴为代表的高科技企业迅速发展，成为深圳经济的中流砥柱。中兴通讯起初是国有企业，在 1993 年改制后，职工持股比例达 49%。

深圳的“万丰模式”也是多数人占有生产资料的一种形式。当时深圳 19 个镇都是股份合作制，村民都是股民。

那些上市公司则通过公众持股实行生产资料占有社会化。这是一个基本规律：生产已经在全世界范围内社会化了，必须要求生产资料占有的社会化与之相适应，股份制应运而生。

厉有为谈到社会发展的四种动力：一是劳动者持股、当家作主带来的企业内部动力，二是市场经济、竞争压力带来的外部动力，三是维护公平竞争及法律带来的强制力，四是道德教育带来的自制力。

这显然是一篇优秀的马克思主义理论学习心得。全民所有制的本意不就是大多数人占有生产资料吗？

4

1997 年 4 月，江泽民总书记在中南海办公室外屋客厅接见厉有为。

厉有为回忆说："他就到里屋把我的文章复印件拿出来翻，我看好多页他都做了批注。然后他就开始和我讨论这篇文章，他问，我答，谈了 40 多分钟，总书记对所有制这个问题很感兴趣。

"最后临走时，江泽民同志对我说：'你回去安心做你的书记。'当时我觉得非常温暖。"

当时胡锦涛担任中央党校校长，在一次会上提到厉有为的文章，表示在党校内要发扬理论的探讨精神，不要乱扣帽子。据说中央党校还为这件事发了个文件，要求不能对学员研究的问题乱扣帽子进行批判。

所有制的讨论，也自此无人公开提及。

厉有为随后当选为中共第十五届中央委员会候补委员，后来从深圳市委书记职位退休。

1998 流行词 下岗

述事

1998 年让人印象深刻的事件，绕不开那一场持续两年的亚洲金融危机。以索罗斯为代表的国际游资做空泰铢得手，引发泰铢、韩元、新加坡元、印尼盾等货币暴跌，东南亚股市下挫超过三成。随之而来的是香港金融保卫战，整个过程可谓惊心动魄。

还有两件改变人类生活的大事：比尔·盖茨发布了 Windows 98 系统，世界第一台 iPhone 诞生。

而这一年的中国，长江流域经历了百年一遇的大洪水。国有企业大面积亏损，下发工资困难，国家实行兼并破产、下岗分流，下岗工人累计超过两千万。这当然不是“两千多万人下岗”这一件事，而是两千多万件“个人下岗”的事。

深圳却是一枝独秀。高新技术产业产值大幅增长，接近 700 亿元。华为开始进入国际市场，与俄罗斯等 11 个东欧国家、地区签订通信工程合同。中兴通讯与刚果合资经营电信项目。比亚迪无绳电话、电池远销海外，占全球市场份额的四分之一。

人才市场在深圳率先开业，外来务工创业人员中，除了大量农民外，还有来自各地的下岗职工。

1997 年，《数字化生存》作者尼葛洛庞帝访华。演讲时，连专职翻译也不懂互联网是什么东西，无奈临时换人，由尼葛洛庞帝的校友——从麻省理工学院毕业回国的张朝阳现场口译。

数字技术之后在中国备受热捧。第二年，张朝阳仿效雅虎创办了知名的门户网站搜狐。

1998是中国的互联网之年，拷贝模仿了多种发达国家成熟的互联网商业模式。搜狐、新浪、京东等网络巨头都在这一年创立。当然，还有深圳的腾讯。

深圳一家人

1984年，深圳迁来了一户人家。这家人来自海南一个叫八所的偏远小镇。八所给这家13岁的孩子留下了难忘的记忆，小镇里有很多脸上文了刺青的少数民族群众，他们背着硕大的竹篓，默默地蹲在滴雨的屋檐下。

男主人马陈术，资深的经济师，谙熟会计工作。供职于交通部海南八所港务局，做会计，后任副局长。到深圳后，担任航运总公司计财部经理，后升任总经理。盐田港开发时，调任建设指挥部副总指挥、盐田港集团有限公司副总经理。李嘉诚投入巨资，合资建立盐田国际集装箱码头有限公司。盐田港迅速成为国际货运大港，盈利丰厚，是李嘉诚最为看重的内地投资项目。马陈术与李嘉诚同为潮汕乡党，因此有了交集。

马家迁来深圳，就住在罗湖国贸旁边一套公寓。当时国贸大厦建设正热火朝天，三天一层楼的变化，儿子马化腾天天都从窗口看到。尤其是袁庚“时间就是金钱，效率就是生命”那句口号，“像一道闪电，一声惊雷，心立刻被深深地震动了。这是当年中国整个政治经济环境下不可能听到的大胆想法，深圳从此成为全国的创业热土。如果不是它，很难想象，深圳会拥有全国最多的本土知名企业。”多年后，他数次提到少年时的感受。

马家在深圳算得上富裕，但家中陈设朴实，到20世纪90年代中期，连音响都没买过。与众不同的是，家里却装了5部电话和8台电脑。那时候，很多人连互联网这个名词都没听过，但马化腾却已经迷上网络。最初，美国有个慧多网，北京有人接入专线，建了个慧多网长城站，马化腾担任深圳分站站长。

马陈术半开玩笑地说，那时候装一部电话要4000多元初装费，幸好女儿和几个亲戚在相关公司工作，可以申请半价安装。于是，安装了4部电话，供马化腾上网用。马化腾每次临出门前都要写一张字条，告诉母亲，一旦有网友打电话来说网络不通，就按照字条上的步骤排除故障。慧多网深圳分站声誉颇佳，当年的网民称之为“马站”。

马化腾就读于深圳大学计算机专业，迷上了软件编程。1993年毕业前夕，他设计了一个“股票分析系统”，被一家公司买下，赚了5万元。之后又和同学开发了“股票接收系统”，用户可借助电视实时收看行情，卖得很火。

毕业后，马化腾先在润讯公司工作，开发传呼软件，1998年决定下海创业。

马陈术回忆:“公司是我跑前跑后帮他们注册的。不过当时注册公司要求要有退休证或待业证，他母亲刚好退休了，我们商量后就用他母亲和我妹夫的名义注册了腾讯公司。他母亲名义上拥有60%的股份，自然也就成了董事长，一直到1999年风险投资进入时，才将股份完全转让给马化腾。”

公司的名字，几个创始人都认同以“讯”字尾缀，拟了网讯、捷讯、飞讯、腾讯四个。到底叫什么，看法不一。

马陈术亲自去工商登记，回来告诉大家，前面三个登记不下来，只有“腾讯”可用。

马化腾最不主张这个名字，担心个人色彩太重，但也只能如此了。腾讯的英文名Tencent，直译是10美分，表示一条短信的费用十分低廉。

父母都是经济师，承担了公司不少财务工作。马陈术经常开着奔驰车去公司帮忙做会计。风投进来后，公司步入正轨，财务人员常常跑到马化腾父母家中对账。

“孩子越成功，父母越辛苦。马化腾事业成功了，但生活还得照顾，他老爸退休后还给他熨衣服呢。他忙，我们也要经常等他到半夜，有一次他老爸因为等他，竟在沙发上睡着了，得了重感冒。”母亲这样感叹。

创业之初

“这真是百年一遇的大时代，机会就像河流里的泥鳅，处处可见，都不易抓获。”创业之初，马化腾这样说。

他想到华强北组装电脑，装一台可收入50元，但干不过手脚麻利的年轻小伙，终归写软件才是自己的强项。他和同事畅想过公司的未来，目标是三年之后能雇18个员工。

公司开业，借了朋友的一间舞蹈室，室内还挂着80年代风靡的“迪斯科”大灯球。后来才搬到赛格科技园4楼一间几十平方米的小房间内，门牌号为403。在这里，五个创始人过着饿了吃盒饭、困了睡沙发的 IT 生活。

那时候，最害怕的日子是月底，尽管朋友免去房租、空调费，但服务器带来的大笔电费仍让他们捉襟见肘。

“这个阶段，我们做了很多外包工作，帮别人开发软件，进而赚一点微薄的钱。我的名片写着工程师头衔，不写老板，不然给合作方看见自己亲自干活，很难看。”马化腾回忆。

当时，美国在线出了一款叫 ICQ 的聊天工具，非常火。几个创始人大受启发，马上模仿 ICQ，也做一款，起名 OICQ。马化腾回忆：“那时候想要做到 3 万用户，于是去学校的 BBS 上一个个拉用户，每天只能拉几十人。当时想，按照这个速度凑到 3 万人可能要 2 年后，到时候公司没准就死掉了，项目又砸在手上了。于是我自己又去网上推广，最后用户上来了，因为我们的软件写得好，不宕机；没人聊天我就去当陪聊，有时候还要换个头像假扮女孩子，得显得社区很热闹。”

美国在线告上了法庭，指控腾讯抄袭。吃了官司的 OICQ 改名“QQ”，又花了 11 万美金从美国人手中购买了 qq.com 这个域名。

2011 年，微信横空出世。

QQ 和微信，两个聊天软件，带来了一个商业帝国和中国式的商业奇迹。

1999 流行词 高交会

有一个男人没哭

《深圳科技总览》中有一段记载：“10 月 10 日下午 5 点，在高交会展馆大门关闭的一瞬间，组委会办公室的好多男子汉都哭了。长达 300 多个日日夜夜，所经历的苦、累、难，是他们过去从未经历过的。无论是上了年纪的人，还是年轻人，病了一批又一批，夜以继日，带病工作，工作压力和心理压力交织在一起，没人有怨言，没人讲条件。”

时任高交会领导小组副组长李连和却说：“第一届高交会结束后，大家都带着悲壮、矛盾的心情流了泪。当时，我没有哭。”

1998 年 4 月 27 日，深圳市的主要领导带队到大连学习考察，恰逢大连正在搞“国际服装节”。有人问，深圳的城市节日是什么？这个问题令人尴尬，发展了近 20 年的经济特区，其实只有一个荔枝节。于是，市委领导拍板，1999 年举办科技节。

1999 年 1 月，深圳市政府请来众多国际知名大公司全面推介高交会。会后，IBM（国际商业机器公司）、SONY（索尼）等跨国企业相关负责人前来参观，却发现当年 10 月就要召开高交会的场馆还是一片草地，不少人摇头失望。

当月，主会场奠基。面对地基大坑，李连和说：“如果大会开幕场馆没建好，我就跳进坑里去。”

施工开始后，七个月里一连来了三场台风。刮台风时，别人往屋里跑，组委会的人往工地上跑。李连和在工地上撞破了好几次头，老母亲生病也无暇探望。有一次，李连和通宵没睡，回到家里打算休息半小时再去开会。结果妻子看他太累了，两个小时后才叫醒他，他为此发了一通火。组委会一些人累病了，打了吊针又赶到工地上。

半年过去，IBM 公司负责人再次前来深圳，看着拔地而起的建筑惊叹："这是个奇迹！"参观卫生设施之后，他幽默地说，再也不需要捂着鼻子进厕所了，这样的高交会一定要参加。

10 月 5 日，高交会开幕，一批高挑漂亮的女子交警上路执勤，让人眼睛一亮。身穿红色马甲，服务素质良好的志愿者团队，成了展会期间一道亮丽的风景线。国内外著名院校以及美、德、日等国 86 个团组参会，4000 多个项目登台交易。场馆内盛况空前，人多得简直难以控制。组委会只得宣布加开夜场。

开幕式上，时任国务院总理朱镕基宣布："为了促进中国与世界各国的经济技术合作，中国政府决定每年在深圳举办中国国际高新技术成果交易会。"

这届高交会共成交项目 1459 项，成交总额达 65 亿美元。

2000 年发行的"深圳经济特区建设"特种邮票，其中一枚呈现的就是高交会临时馆。

胖胖的企鹅

1999 年 2 月，免费在网上使用的腾讯 QQ 备受欢迎，用户暴增至 500 万。只赔不赚，暴增的用户反倒成了公司的包袱，连一两千元的服务器托管费也是巨大的负担。困难的时候，公司账上资金不到一万元。缺钱，银行也拒绝贷款，“用户注册量”不可能用作抵押。

马化腾只好四处找人，要卖掉 QQ。谈判四处碰壁，想把看不见摸不着的虚拟产品卖钱，在当时的人看来有点接近骗子。有的买家诚恳地回应说：“只能按有多少台电脑，多少桌椅板凳算钱。”马化腾心情一落千丈。

深圳的高交会简直成了腾讯的救星。他们定了专门的展台，二十多页的商业计划书改了六稿。几个创始人全部上阵站柜台，马化腾拿着计划书跑遍会馆，四处推销。

腾讯 QQ 形象原本是一只鸽子，设计出来后，鸽子偏胖，怎么看都有点像企鹅。高交会上，腾讯格外用心，摊位上摆着很多 Q 哥 Q 妹的公仔、水杯，还找一家玩具生产商定制了企鹅形象的储钱罐，打算在展会上送给观众。结果，生产的成品比设计的企鹅又胖了一圈。意外的是，胖企鹅遭到疯抢，腾讯只好由送改卖，一个 10 元。这是一个好兆头，高交会结束，腾讯获得首笔风投，美国的风投机构 IDG（国际数据集团）与李嘉诚旗下的盈科数码共同投资 220 万美元。

腾讯成为深圳高交会一大受益者，也成为当时中国唯一把这些互联网虚拟产品成功发展成线下实物商品的互联网企业。

朱焕良与“中科创业”

1

朱焕良，出身贫寒，深圳开发伊始，在建筑工地开车装卸。

1987年深圳发行股票，那时没有人买，需要干部带头摊派，万科到菜市场推销。朱焕良却先于他人闻到了钱的气味，买了不少原始股。万科开董事会，他作为散户代表参加。大家不看好股票，他却语出惊人，会上对股东说：“你们卖掉的股票，我照单全收。”之后，他成了万科的董事。

“8·10”事件前，百万股民“炒深圳”。朱焕良很猛，收购了上万个身份证申购新股，在深圳股民中成了无人不晓的人物。

有了原始积累，朱焕良玩起了原野公司的套路，动用上千个账户，悄悄买进康达尔公司90%的流通股，准备坐庄。

康达尔是深圳一家养鸡企业。1997年，恰逢禽流感流行，5万只鸡一夜之间瘟死。康达尔股价从15元跌到7元，朱焕良两亿多资金亏损接近一半。

情急之下，朱焕良与康达尔公司董事长一道找到当年影响巨大的股评家K先生。据说，他们握着K先生的手，满含热泪。

2

K先生叫吕梁，是20世纪80年代小有名气的作家，才华横溢，能写能画，还担任过某知名杂志美编。

吕梁南下深圳，写下《1990—1991年中国“股市狂潮”实录》《百万股民“炒深圳”》两篇长文，轰动一时。自此与股票结缘，活跃在沪深以及香港市场。

1999 年春，吕梁以 K 先生的身份在《证券市场周刊》上发表了多篇文章，高调宣称“做多中国”。K 先生文笔精彩，立意高远，通常预言准确，极受追捧，被誉为“中国第一股评家”。朱焕良便是崇拜者之一。

3

双方达成的操纵协议是，由吕梁接手朱焕良 50%的康达尔流通股，朱焕良则长期锁仓；然后由吕梁帮忙购入康达尔部分国有股，控制公司，实行重组。

吕梁写了一份关于“长线投资，长期持有”的建议书，分发给许多企业、基金公司，非法组织了大笔资金，于 1998 年底接过了朱焕良手中 50%的流通股。之后又分两次收购了康达尔 34.61%的国家股。

待吕梁掌握了董事会，他才发现情况比想象的糟，康达尔不仅经营亏损，假账竟有数亿元之多。但他仍觉得可以“操作”。

经过一番“操作”，1999 年 7 月，已经更名“中科创业”的康达尔股价跃至 40 元以上，到 2000 年 2 月更是最高达到 84 元。

股价翻番之后，吕梁通过质押中科创业，买进莱钢股份、马钢股份、岁宝热电，从而将这些股票拉升，提高市值后卖掉挣钱，再通过倒仓、对敲，进一步炒作中科创业股价，形成了中国股票史上臭名昭著的中科系。

4

就在中科系如日中天之时，中科创业股票出现抛压。事情很快查明，朱焕良没有遵守长期锁仓的约定，偷偷卖股了。吕梁他们还听说，朱焕良出完股票就提现，1500 万一个账户，用麻袋背钱。

吕梁频频打电话给朱焕良，朱焕良早已对长期投资的理念毫无兴趣。他告诉吕梁，差不多就算了，股票赚钱，变了现才是硬道理，否则只是一串数字。傻子才把钱放在银行，一旦有事，头件事就是封银行账户。

2000 年底，中科创业一连十个跌停，崩盘了。

据知情人说，朱焕良雇了两艘大飞（快艇），装上赚到的十多亿现金，躲过边警，运到了香港。他和那些钱一起消失了。

吕梁也在一个夜晚，披着一件军大衣，从他的豪宅走进了夜幕，人间蒸发。

2000 关键词 东门老街

东门老街

1

如果没有南头古城斑斑驳驳的城墙，如果没有大鹏所城满是锈迹的铁炮，如果没有东门老街青砖黛瓦的骑楼，深圳也许只是一座很现代却没有根的城市。

走过深南路摩天大楼林立的峡谷，逛遍时尚高端商场，到了东门老街，这座城市一下接了地气，融进了人间烟火。你可以穿一条短裤，夹一双拖鞋，招摇过市；也可以手拿一根烤串或是章鱼小丸子边啃边走；或者在路边的小摊满头大汗喝一碗地道的潮州米粥，仰头饮尽一杯本地凉茶。街头的商铺永远在"挥泪清仓"，不知摊主流了多少泪水，"亏本甩卖"也永远是"最后三天"，时间在这里特别漫长。不管标价多少，内行人会提示，拦腰斩它一半。砍价的乐趣多少有一点烟火的气味。时尚品牌、高档餐馆都不会在这条街缺席，给外地游客的印象是，这里没有买不到的东西。

内地第一家麦当劳还是经常客满。1994 年，这家洋快餐店在此开业，队伍从楼上排到楼下，又在街上绕了一个大圈。人们发现，可口可乐有些中药的味道，但比中药好喝。

21 世纪到来之际，翻修一新的东门老街是送给深圳人的一份大礼。

东门步行街面积近 20 万平方米，包括 8 条市政道路、1 条风貌街和 3 个大型的休闲广场。开街后日均客流量达 40 万人次，节假日人流翻番，年营业额达 300 亿元，跻身全国十大繁华商业步行街区行列。

涌动的人流，四通八达的街道，外地游客时常会感觉不知身在何处。不必着急，当地人会告诉你一个逛东门老街的诀窍：只要抬头看看东门附近那栋直插云霄的地王大厦，你马上就能找到回家的路。

2

岭南特色的民居、骑楼、庙宇、书院、祠堂、老钟、古树——一不留神，你就踏入东门老街的历史。

算起来，老街已将近 500 岁高龄了。

清康熙《新安县志》载，明代中叶，罗湖一带相继出现赤勘村（蔡屋围）、罗湖村、隔塘村（水贝村）、湖贝村、向西村、黄贝岭村和南塘村。几个村的族人在村落之间建起了集市，名为“深圳墟”，逐渐有了民缝街、上大街、鸭仔街、养生街等几条街道。深圳墟地处元朗到惠州、南头到沙头角、布吉到九龙三条大道交会之点，又得清水河水运之利，故久盛不衰。1913 年，广九铁路建成通车，深圳墟成为内地与香港的交通门户。

老人回忆，20 世纪 50 年代，深圳墟改墟为镇，两条主街——谷行街（解放路）卖农副产品，维新路（人民北路）卖小吃杂货，当时被称作十字街。还有几条小巷，民缝街是经营布匹及缝纫加工的场所，鸭仔街是买卖家禽之地，老街周围则是一片农田。那时候，出入东门一带，还时常要检查边防证。

60 年代初，老街落成两栋醒目的建筑。街南是新安酒家，四层，进门有镶嵌汉白玉的屏风，分隔大堂和雅座，港客及海外华侨回乡，都喜欢在这里宴客。街北是深圳戏院，两层，设有楼座，还有一架钢琴，红线女等大牌演员都来唱过戏。那时候，罗湖口岸下午 5 点就封关，而整个深圳只有两家旅社：侨社和深圳旅店。找不到地方投宿的人们，就坐在深圳戏院的台阶上等着天亮。剧场楼顶安有吊扇，不过戏院工作人员常常要用一根长竹竿将电扇叶拨动，电扇才能转起来。

3

很多人知道东门老街白天熙熙攘攘的景象，却不知道半夜的盛况。

半夜 1 点，城市已经熟睡。东门白马、骏马、明华、耀华、新白马等多个服装市场却灯火通明，一个接一个的批发档口开始迎来火爆的生意。

载着客商的中巴车穿梭往返，停靠在各个市场门口。人潮从入口涌进来，拖着拖车，扛着黑色大塑料袋，操着各地口音，在档口间狭窄的过道与档主讨价还价。也会有一些各种肤色的外国客商，操着生硬的中文连比带画，采购他们想要的货物，然后在档口留下古龙水的气味。

这样的繁忙，一直要持续到当日下午四点收档关门。只要稍有空闲，老板就会摊开折叠椅眯上三五分钟，一些人则倒在货物堆里鼾声大作。一旦来了顾客，立即一弹而起。他们想不明白这世界怎么会有人失眠。

做服装生意，最要紧的，是一个潮字。深圳毗邻香港，走在国际潮流的前沿，20 世纪 90 年代前，港衫曾风靡一时，穿着打扮的影响直至偏远县城。东门渐渐成为中国最大的服装批发集散地之一。连北京动物园服装批发市场，货物的源头都主要来自深圳东门。

生存的压力，通常是最好的导师。激烈的竞争会带来最敏锐的职业嗅觉。这里的人忙得无暇读书看报，却会关注世界最流行的时尚杂志、最新发布的每一款新潮服装。“微创新”这个词被他们运用得淋漓尽致，不知多少流行款式经他们改动后成为新产品，长袖改短袖，有领改无领，此面料改彼面料，最终创出不少知名品牌，如百丽、都市丽人、圣伽步等。

东门批发市场的每一个小小档口，背后都藏着一条产业链。他们在深圳布吉、东莞、中山等地有自己的作坊、工厂，或者生产线，然后通过仓库物流运送到世界各地，年营业额超过 100 亿元。

4

深圳诞生千万、亿万富豪的三个地方，一是科技园，二是华强北，三是老东门。熟知深圳的人说，其实，东门老街走出的富翁最多。二十世纪八九十年代，东门老街一个卖袜子的小摊点，年营业额能上 200 万元。当年的深圳巨富，第一桶金来自老街摆摊卖猪肉。常去东门老街的深圳人，都记得深运潮州粥店，老板挑担卖粥起家，后来拥有数家连锁分店。媒体将此当作励志故事多次报道。

熙熙攘攘的东门，70%左右的生意人都来自潮州。目前东门几栋知名商场的业主，也基本都是潮州人。多年都在世界富豪榜上的黄茂如，90 年代末才为人所知，他的首家茂业百货在东门老街开业，楼高 11 层，4 万多平方米营业面积，50 多万件零售单品，一下让众多小摊主头仰帽落。

东门藏龙卧虎，蹲在老街一角满头大汗吃盒饭，拿着一部老款手机的男子，很可能不是等闲之辈。他的电话永远只用两个功能：与客户通话、发短信，忙得无暇再干别的。

众多批发市场档口的老板，通常的穿着就是短裤、汗衫、人字拖鞋。能在竞争如此激烈的市场存活，都有超人的勤奋、朴实的商业敏感，他们身家千万甚至上亿。

航母世界

一个远在新疆的男人注定要在深圳闹出点动静。1990 年百万股民“炒深圳”时，唐万新带来几千新疆同胞排队抽签，成了新闻人物。大赚一笔之后，他在股市建立了千亿金融帝国，号称“德隆系”。

1998 年开春，财大气粗的他在北京亚运村喝酒，半酣，酒桌上有人大开玩笑说，要不买艘航母玩吧。2000 年 5 月 9 日，当一艘真正的航母出现在沙头角海面时，其轰动效应可想而知。

“到深圳，看航母！”一条简短广告词，反复出现在多家媒体头版。这句广告词至今仍让许多深圳人记忆深刻。

来自苏联的“明斯克”号航母，排水量 4 万多吨，高达 20 层，舱面走廊总长度为 17 公里，舱房 2000 多间。光舰首的锚链舱锚链总重量就有 2000 吨。苏联解体时，“明斯克”号服役才十多年，被迫退役，卖给了韩国大宇集团。因为怕泄密，出卖前，俄罗斯军方装放大量炸药，炸毁了里面所有关键部件，以致内部满目疮痍。

这艘航母光卖废铁也不止6000万元人民币，德隆集团以4000万元买下。

航母首期开放3万平方米供观光游览，武器系统、作战指挥系统、鱼雷发射舱、导弹发射系统以及官兵生活区等均整修一新，甲板上摆着米格-23歼击机、米-24武装直升机、强-5战机，配以作战模拟演示、太空模拟发射、舰炮发射、航母大战电影等娱乐节目，还有充满异国风情的俄罗斯歌舞表演，飞行甲板上则举行仪仗队庄严仪式。

深圳一下拥有了中国乃至世界上第一座以航空母舰为主体的军事主题公园，被授予“全国科普教育基地”“广东军事科普教育基地”等荣誉称号。

2000年9月27日，航母公园开业，一票难求。当日，城区通往沙头角的道路全线堵塞。游客超过3.2万人，园区附近的道路都变成了停车场，登舰的队伍只能人挨人慢慢往里挪，管理方被迫紧急控制登舰人数，才未酿成事故。要知道，香港迪士尼开园，当日游客人数不过1万多。

然而，随着日后德隆公司的轰然倒下，2016年，“明斯克”号几易其手后，离开深圳去了江苏南通。大连永嘉集团的董事长花3亿元买下这艘航母，建立江苏嘉利尔明思克旅游文化有限公司。

2001 热门词“入世”

世贸

曾被称为世界贸易中心的双塔，整个世界对它们太熟悉了。那就是纽约的标志，那就是纽约。每天有超过 20 万名游客出入这两栋楼，人太多了，这里甚至有独立的邮政编码：10048。站在高达 100 层的南塔观景台或者到北塔顶层餐厅就餐，可以俯瞰纽约全城。

9 月 11 日，早晨，已近上班时刻，曼哈顿街头的人流行色匆匆。有人无意间抬头，顿时大惊失色。一架飞机正撞向高高耸立的世贸中心北塔。随之而来的巨响、火光、浓烟，令街头行人一片惊慌。这一刻，是 8 时 46 分 40 秒。十多分钟后，9 时 3 分 11 秒，另一架民航客机撞向南塔。

全世界主要电视台与广播几乎都中断了节目，转播这一突发事件。人们从世界各个角落看到世贸大楼滚滚浓烟中隐约可见的求救者，熊熊大火中有人从数十层高的窗口直落而下。

9 时 59 分，将近 500 米的南塔轰然倒下，一股浓烟冲天而起。10 时 29 分，北塔也倒塌了。

“9·11”事件使人类角力的方式产生了微妙的变化，当然也影响了中国，还有正在加快融入世界经济大循环的深圳。

这一年年底，中国结束长达 15 年的艰苦谈判，成为世界贸易组织成员方，享受最惠国待遇。

之后，中国外贸进出口总值以每年20%～30%的幅度递增，成为“世界工厂”。

大鹏所城

1

2001 年 6 月 25 日，国务院公布深圳大鹏所城入选全国重点文物保护单位。

大鹏所城全称为“大鹏守御千户所城”，始建于 1394 年明朝开国之初。《新安县志》载，其城为广州左卫千户张斌开筑，内外砌以砖石，沿海所城，大鹏为最，周围三百二十五丈六尺，高一丈八尺，面广六尺，址广一丈四尺。几经修缮的大鹏所城，基本恢复了晚清时期的模样。

自晚清始，深圳别称“鹏城”，其根脉即源于此。

2

每一件文物，都是一颗历史化石，里面藏有先人生活的诸多信息。

登城楼四望，所城全貌尽收眼底。青砖黛瓦的民居鳞次栉比，条石铺就的老街将灰黑的屋顶分割成几片，偶尔杂有老树的葱绿。

不管是将军府第，还是平民之家，所城内基本是广府式建筑。

深圳原住民可分广府人、客家人两系，大致以广深铁路为界，南头一侧广府人为主，大鹏湾一侧则客家人居多。广府人自秦朝起由中原陆续迁入岭南，其建筑留有中原四合院遗风，讲究阴凉通风。最大特点是墙头有“镬耳”。镬耳又称挡风墙，既是一种独特的装饰，又可作防火之用。客家人大多在清朝迁海复界后才搬来深圳，与广府人常有冲突。他们的典型建筑便是围屋，固若碉堡，可坚守数月不出。围屋是乱世之下人类惶惶不安中留下的一颗固化之泪。

如此纯粹的广府建筑，却保留在客家人聚居的地方，历史无意间留下一个小疑团。

在大鹏所城的城楼上，还有一件无法用眼睛看见的文物，那就是语言。数百年来，北方的将士军属在与当地人交往中逐渐形成一种语言，语调独特，当地人称之为“千音”，又叫“军语”，在大鹏保留至今。

3

不大的所城里，除了炮台、武器等军事用物，还有衙署、粮仓、民居，更显眼的便是祠堂、寺庙，计有天后宫、赵公祠、关帝庙、侯王庙、华光庙等。多神崇拜是深圳原住民乃至南洋沿海地区信仰的一大特征。天后宫里通常同时供奉观音，关公庙也可能有财神出现。说中国是佛教大国是一个可疑的命题。实际上，佛教的教义大多停留在文人、士大夫的口头上，到民间，已完全世俗化了。

深圳的历史实际上是数千年的移民史，广府、客家直至今天的居民，差别只是移民的先后。

古老的移民文化往往会化出一颗最实在的果实，那就是宗祠。在充满无常、缺乏安全感的社会里，他们用血缘种姓、祖先崇拜构建强大的凝聚力，抱团自保。

祖先崇拜，必然是祖先神化。天后、关帝、侯王……众多神化后的祖先驾临人世，在香火与敬拜中解除民间疾苦，点燃活下去的光亮。

南山寸土寸金的科技园旁，郑氏宗祠与环绕的现代高楼形成巨大的反差。这种反差，才是深圳最本真的过去与现在，也是大鹏所城众多宗祠寺庙的另一个注脚。

华为的四川模式

20世纪90年代末期，中国电信产业形成“巨大中华”四大巨头争雄的局面。三家国有企业：巨龙的大股东是中国邮电工业总公司；大唐的主要发起人是电信科学技术研究院；中兴则是航天部下属的企业。国有企业的优势是资源垄断，而电信系统又是程控交换机的唯一用户，华为想抢食，只能变成一头狼。任正非讲农村包围城市，讲“狼性文化”，四川模式是最好的注释。

搞不定大城市，就到乡下“抢食”。

当时，很多基层电信部门掌管采购设备，却不知如何落实，要找出路。华为给他们出了一个主意：成立“合资公司”。从设备到经营全由华为负责——电信部门只要出点钱，什么也不用干，就能每年获得25%的回报。最关键的是，“合资公司”电信方的资金，部分由职工出，这就成了一笔可观而诱人的额外收入。

首先拿下的是四川雅安。

雅安电信局说，既然是合作伙伴，就是一家人，我们拆掉部分老设备，改用华为的。

当年，华为用“合资公司”的办法，在四川拿到了5亿元的合同。

华为一份内部文件说，成立“合资公司”，就是通过建立利益共同体，达到巩固市场、拓展市场和占领市场之目的；利益关系代替买卖关系；以企业经营方式代替办事处直销方式；利用排他性，阻止竞争对手进入；以长远目标代替近期目标。通过资本经营手段，达到公司战略扩张之目的，确保本公司在日益激烈的竞争中继续保持竞争能力，创造出规模效益，以取得最大的经济效益。

几年时间，华为与全国100多个地级单位成立了“合资公司”。一位高管说，那些年“甚至机器还没有完全调试完，我已经把它卖出去了，机器的调试是在电信局那里进行的，有问题再改进。客户凭什么用你的设备？你的设备都没调试好，我凭什么用你的？就是关系到位。这说明销售是很厉害的”。

第六章 / *Chapter 6*

深圳，谁也无法抛弃

Shenzhen, nobody will abandon

2002 热门词 宽带

深圳，谁也无法抛弃

1

2003 年 1 月 19 日，广州市东风路广东大厦二楼，北京厅。一大早，已有多家媒体记者聚集在这里。现场布置十分简单，摄影机、长镜头对准的焦点不过是一张再普通不过的圆桌。圆桌给这次不寻常的会面以宽松、亲和的气氛。

8 点 53 分，一个略偏清瘦的年轻人在深圳市政府办公厅工作人员引领下进入大厅，在圆桌边坐下。这位年轻人戴着无框的近视眼镜，头发也破例打了摩丝。

2002 年 11 月，一篇题为《深圳，你被谁抛弃？》的网络长文引起轰动，他便是这篇文章的作者“我为伊狂”。

9 点整，时任深圳市市长准时出现在大厅门口，随即与“我为伊狂”微笑握手。

这是一次历时两个半小时，市长与普通网民的轻松对话。从形式到气氛，算得上开风气之先，节目播放引起广泛关注。

2

深圳经济特区建设二十年之际，中国加入世贸的谈判取得重大进展。

2002 年，深圳地区生产总值接近 2300 亿元，约是 1979 年的 1200 倍。经济特区建设取得巨大的成就，二十年前的逃港风潮已成遥远的记忆。

“我为伊狂”在文章中说：“随着改革开放的深入，中国大陆的经济发展从局部试验性的阶段开始向普遍改革推进。搞市场经济、对外开放、与国际市场接轨，已经成为全中国的要求……加入 WTO 后，‘经济特区’似乎更没有存在的理由，因为经济特区是与 WTO 的精神相违背的。”

深圳何去何从？这是一个关乎命运的时间节点。“深圳，你被谁抛弃”这样的话题有如当头棒喝。文章一出，引发热烈讨论，立即被各大报刊转载。

3

自 20 世纪 90 年代中央决定开发浦东以来，上海得到更多政策上的支持。“九五”期间（1996—2000），上海的基建资金达到 2274 亿元，超过前 40 年总和的两倍。

一个致命的问题来了，为了把上海打造成世界金融中心，深圳证券的主板交易会不会迁往上海？

21 世纪初，经过 10 年的发展，金融业已经成为深圳的支柱产业，金融业的利润约占全国同行业的 1/4。有统计显示，2000 年以前坐飞机进出深圳的人员中，就有约 30%的人与证券行业相关。如果深圳的主板市场迁往上海，那不仅意味着大量资金的流失，更将直接动摇深圳的区域金融中心地位，深圳经济可能就此一蹶不振！

最终，深圳艰难地取得了主板暂时不并往上海的承诺，但也付出了代价，即深圳证券交易所从 2000 年 9 月开始不再发行新股。这意味着，数年来深圳、上海对于全国金融业的主导权之争已尘埃落定。

4

一时间，上海成了各大企业特别是金融企业争相进驻的热土。传言沃尔玛计划将原建于深圳的采购中心迁往上海；成立于深圳的汉唐证券将主要业务迁至上海运营；招商银行的信用卡中心已到上海落户；2002 年 9 月 16 日平安保险于上海宣布，将在陆家嘴金融贸易区投资 20 亿元建造平安金融大厦，据称这座大厦“约有交通银行大厦和中银大厦合起来大小”。接下来的传闻虽无法证实，却足以引起巨大震撼——深圳本土两大通信企业华为与中兴总部也将迁出深圳。

此外，香港不仅是深圳出口的主要对象，也是深圳重要的境外投资来源，而且香港人也是深圳消费的重要力量。香港对深圳的投资一直保持在 60%以上。但新的调查显示，44%的香港人更希望去上海工作，而选择广东的只有 22%。国内高校毕业生对深圳也不再有以往的热情，上海、北京才是大多数人的首选。

风声鹤唳，深圳，你是否将被抛弃?

5

很多深圳自身的问题也加深了人们这一忧虑。

深圳作为改革开放的试验田，国企改革遭遇困境，上级任免制造成董事长、总经理互不买账，副职一大堆，监事会毫无监事作用，因而运营成本奇高，最终亏损严重。

权力寻租问题突出。让绝大多数来深圳寻求发展的新移民感受颇深的暂住证，不只收费过高，而且办理手续烦琐，需要盖的章有 11 个之多，甚至衍生出一条利益产业链。尽管中央已明令取消相关收费，但一些部门依然用各种方式维持这个利益黑洞。

治安也不容乐观。来到深圳的务工者和游客很多都有被扒窃、抢劫的经历，“砖头党”“摩托党”“色诱党”的传闻给这座城市增添了不安色彩。

曾经令深圳人自豪的“深圳速度”似乎也成了往事。本地政府职能部门的行政效率未见起色，而上海外高桥保税区将贸易企业办理进区手续时间由 1 个多月缩短到 1 天，把空运货物通关速度由 7 天缩短到 10 小时以内；到漕河泾开发区投资的企业，只要对有关部门的告知作出承诺，即可获得前置审批许可证，3 个工作日内就能拿到工商执照。

6

除了深圳人自己，谁也无法抛弃深圳。时任深圳市市长对网民的答复，本身预示了这个答案：

——深圳正处于一个重要的转折时期。在深圳过去 20 年画上圆满句号的情况下，今后的 10 年、20 年怎么办？

——企业要做大做强，它不能老窝在深圳啊！老窝在深圳发展有出息吗？深圳的一些大企业进军全国市场，在其他城市设立研发中心什么的，完全是正常的。如果它能走到世界市场更好，那就成为我们自己培育的跨国公司。

——在市场经济条件下，企业有生也会有死，有进也会有出，不要大惊小怪，即使搬走一些也不奇怪。但有一条：要生多于死，要进多于出。这个也要以平常心来对待。我们现在甚至希望搬走一些纯粹的劳动密集型企业，多发展科技含量高、资金密集型、高附加值的产业。但作为市长，我和全市人民一样希望一些成功的大企业把根留在深圳。实际上华为、中兴这些大公司的总部都在深圳，他们的根都在深圳！

——深圳 20 年发展起来了，你也不好意思再要中央、国务院扶你，给优惠政策了。你都长大了、长胖了，难道还让人家开小灶喂你啊？

——如果深圳不发展，一年就会被追上。现在的问题不是发展不发展的问题，而是发展慢了就要落后！

《深圳外贸骗局揭秘》

《深圳外贸骗局揭秘》是央视 2004 年播出的一组新闻调查，追踪报道许多藏身于深圳高档写字楼里的黑幕。尽管近二十年了，那些诈骗的套路从豪华办公场所到个人手机，依然花样翻新屡屡得手。

早在 2000 年，《南方都市报》曾派过记者卧底当年深圳名气很大的 ABA 公司。

【卧底第一天】

11 月 27 日上午 8 时 30 分，63 层的深圳国贸大厦。在这座曾经创造了“深圳速度”而闻名全国的国贸大厦里，ABA 租用了 8 个楼层的写字间办公，员工有 800 人，附近无人不知 ABA 大名。

经人介绍，记者得以进入 ABA 工作。

走进在10层的特联部办公室，记者以为是来到了珠三角哪家工厂的车间：房间里密密匝匝堆满了办公桌，9张一行，对着排开。“国际代表”们已经在忙碌地打电话了，整个房间像集市一样嘈杂。

走进办公区，经理带我去上班的处所特联五处，见了将要领导我的项目经理和处长。处长李×的直率让我吃惊：“不用去琢磨钻研什么外贸专业知识，时间长了，有了经验，一切都会变得容易。聪明的话，上路很快。哎呀，说白了就是一个骗字，看谁的骗术高明。你不是外人了，我不用瞒你，我是小到别针，大到飞机大炮什么都敢骗，没有我不能骗的。别把这事儿想得太高深，放下书生气，心狠一些就行……”

下午2时。坐在我对面的代表叫齐××，进公司不到两个月；右侧是代表曹××；左侧是经理杨××。

曹在打电话。“下午好，是牡丹江××机械厂吗？我是美国ABA国际联营集团中国总部，公司在深圳。我公司有一批东南亚客商正在求购××产品，你们公司还在生产吗？OK，我马上给您发一份传真，请务必交给贵公司吴总，我会尽快和你们联系，谢谢。”半个小时内，曹打了9个电话，涉及黑龙江、江苏、四川、上海、浙江、甘肃、江西等省市，通话内容大同小异，只换了对方的称谓。

“电话簿是公用的吧，能借我看看吗？”一名新业务员指着桌上厚厚的一本电话簿问齐。“私人的。这是钱啊，不外借的……你也别去买了，大多数厂家都被踩过了。”齐没好气地说。

【卧底第二天】

邻座的项目经理杨××在帮齐××打电话。齐告诉我，杨××很了得，以前曾做过企业的老总。齐还说，只要能把客户“吊”来深圳，就算成功了一半，公司洽谈区豪华的软硬件环境能帮助他们顺利签约。

在ABA，底层员工还是忌讳说“骗”字，说服客户签约叫

"吊"，说服的技术称为"话术"，寻找产品出口地叫"定位"。与客户的谈判，齐 ×× 们习惯称之为"洗脑"。

下午 4 时。见杨 ×× 无事，身边人少，凑上前去向他请教。有了这样的对话："杨经理，我是新来的业务员，打扰您了。我刚打了几个电话，发现不是那么回事，向您请教。""慢慢来，需要适应。"杨显得温文尔雅。"听他们说您曾做过企业的老总？""唉，过去的事就别提了。"杨笑得很尴尬。"从前的企业呢？""……我也是被骗垮的，你不骗别人，别人会骗你。你刚来，深圳不像你想象的那么简单，这里什么人都有，你要小心。"

【卧底第三天】

借吸烟之机，我约经理杨 ×× 到走道去聊。杨说："老实跟你说，兄弟，我在这儿，一个月能挣他一两万，比你在内地干一年都强多了吧。ABA 已经给我们提供了一个大舞台，你看咱们 2 楼、6 楼的洽谈区多气派，这还在国贸啊，有这么好的空间和环境，没理由做不好。""我们做的这些业务有实单吗？"我装着好奇。"有一些吧，掩人耳目嘛！即便不行，公司每年会花几百万去买他一些，舍不了孩子套不了狼。"

面对这一现象，《南方都市报》多次发文揭露 ABA 骗局，并向工商部门举报，之后中央电视台《焦点访谈》再次曝光，警方当日查封 ABA 公司并立案。

ABA 被查处后，同一模式的诈骗案却依然在多家豪华写字楼频频上演。一位警官认为，诈骗取证难，处罚轻，对社会的危害极其恶劣。他们不仅间接杀人，还摧毁了社会的道德底线。

2003 关键词“非典”

植物园的板蓝根被盗挖

深圳中心公园深南路北园区里，可以看到一座白色的雕塑群《真情英雄》——深圳抗击“非典”医务人员群像。雕塑常在，记忆便不会消逝。

2002 年末，一种不明原因的传染性非典型肺炎（简称“非典”）首先在广东被发现，其极强的传染性和高死亡率骇人听闻。2003 年 2 月初，QQ 上、邮箱里的电子邮件，亲友间互传信息，盛传板蓝根有预防效果。随后，各地出现抢购板蓝根冲剂的风潮，药店排起长队，2 块多一包的冲剂迅速上涨到 20 多元。一些药店断货，引发顾客和店员冲突。白醋也开始被抢购，价格从 1 元一瓶上涨到 10 多元，甚至卖到百元。碘盐因为有一个“碘”字，也遭到哄抢，有的家庭囤盐数百斤。甚至有人由于买不到米醋和板蓝根，转而致电求助香港的亲友。还有人囤积腊肉，说腊肉可以熬盐。深圳的酸菜也卖空了，植物园的板蓝根居然也遭到盗挖。

广东先后病死 50 多人。毗邻深圳的香港，死亡人数高达 300 人。但同是重灾区的深圳，却一直保持“零死亡”纪录，直至 2003 年 4 月底仅有 1 例死亡。政府开通了 24 小时热线，排查跟踪可疑病例，动用上百台大型消毒设备对公共场所反复消毒，疫情得到控制。

4月11日下午，中央领导到达广东视察深圳清华大学研究院，观看传感器展示后，马上问，能不能开发出一种用于测量体温的传感产品。研究院立即投入研制，仅用8天时间拿出了第一台样机。4月19日，在罗湖口岸首批安装了10台。截至4月28日，测温仪基本覆盖了深圳市全部口岸。

2003年，深圳经济没有受到疫情太多影响，仅仅二季度略有回落，三、四季度爆发式增长。

思科诉华为侵权

2002年12月10日，思科高层突然要求在深圳香格里拉酒店约见华为高层。会谈中，思科将一份关于华为侵权的通知函递交给任正非，要求华为在30天内停止使用侵权产品。

1984年12月，思科系统公司在美国成立，创始人是斯坦福大学计算机中心主任莱昂纳德·波萨克与夫人桑蒂·勒纳。他们设计了叫作“多协议路由器”的联网设备，将不兼容的计算机局域网整合在一起，形成一个统一的网络。这个联网设备被认为是互联网时代真正到来的标志。

任正非多次说，思科是很值得华为尊敬与学习的公司，首席执行官钱伯斯是一代伟大的巨人，思科在数据通信领域为人类做出了巨大的贡献，而且在管理、市场、知识产权方面都是成功的榜样。

当时舆论一片哗然，如果诉案成立，华为将面临巨额罚款。2003年1月底，华为高管郭平去美国后，据说每到一个律师行，问的第一个问题就是“万一官司打败了，我们要赔多少钱”。

1月23日，思科宣布对华为及其子公司就华为非法侵犯思科知识产权提起法律诉讼。指控包括非法抄袭、盗用包括源代码在内的IOS软件等。在数十页的起诉书中，列举了二十多项罪名，几乎涵盖了知识产权诉讼的所有领域。

华为迅速作出了应对，事后这个应对被业界视为经典案例。

华为立刻停止销售思科指责侵权的路由器，然后聘请了美国最著名的律师团队。之后华为与美国公司3COM共同成立合资公司，这家公司就是后来的H3C（华三）。3COM公司给华为提出许多有见地的建议，又上法庭为华为提供有利证据。2004年7月28日双方达成共识，思科撤诉。华为同意修改其命令行界面、用户手册以及帮助界面和部分源代码。

长达一年半的产权案终于以双方和解收场。和解的内容至今是一个谜，只能留待知情人拆解。但只要撤诉，华为便是赢家。

2004 热门词 大芬油画

一座城市的 2004

如果你是一个外地人，又有好几年没有来过深圳，这一年，你会惊讶这座城市的巨大变化。从南头入关，原本荒凉的深南路两侧，建筑施工正如火如荼，科技园的栋栋现代高楼已初具雏形。

第一个感觉是，那些熟悉的绿色小巴少了，不见了，这多少让人有些失落。那些油漆斑驳、破旧、脏、没有空调、过道摆着小板凳、充满汗味的小巴在这座城市往来穿梭十多年，招手即停，随时可下，深夜营业，给人们带来太多的便利。初来深圳的人，第一句粤语就是在小巴上学到的——想下车要说“有落”，如果说“有下”，满车人会用奇怪的眼神看着你。

一路繁华，国际会展中心、市民中心在这一年启用。地铁一号线、四号线也在这一年开始运营。

房价在这一年大幅上涨，私家车销售量在这一年井喷。报纸上最热门的广告是车子、房子。

宝安、龙岗举行了“撤镇设街”的挂牌仪式。就是说，这一年，深圳农村建制全部撤销，所有农民“洗脚上田”，成为城市居民。

上一年开通的赴港“自由行”和 24 小时通关的皇岗客运通道，使得这座城市的口岸分外繁忙。

这一年，这座城市最重要的文化事件，是首届文博会的召开。

大芬油画村人物志

文博会最引人瞩目的亮点之一，是一个位于龙岗的客家小村落大芬村。

当时大芬村被指定为深圳文博会唯一分会场，授予国家级“文化产业示范基地”称号，举办了书画作品博览及展销会、美术产业发展论坛、油画精品拍卖会。最壮观的当属千人油画创作表演。开幕当天，大街小巷早就整齐地排列着千幅画架，1000名画工穿着统一的白色T恤，站在各自的画架前，即兴作画，引起《纽约时报》、BBC（英国广播公司）等世界媒体对这个客家小村落的广泛关注。

文博会一过，大芬油画村的油画销售额逐年攀升，2014年，销售额超过40亿元，成为世界最大的油画集散地之一。村内大小画廊门店一千多家，连同周边，从业人员超出两万。每天都有货柜车进出，把这个小村落的油画运往世界各地。纽约的一家小酒馆，南非一名海员的家中，墙上挂的很可能就是产自大芬村的油画。

黄江

黄江，生于四会，长于广州。20世纪70年代渡深圳河“逃港”，几经辗转，学“行画”谋生。所谓行画，指大量临摹世界名画的绘画，以作装饰之用。20世纪60年代兴起于欧洲，后传到韩国，再传至香港等地。在香港，人们称之为“韩画”，内地则称“行画”。

深圳建市之初，黄江有感人工、房租低廉，且报关方便，遂在黄贝岭办了一间油画作坊，后因房租飞涨，只得另寻他址。

1989 年，黄江到布吉周边寻访，一眼看中了山坳坳的大芬村。

随处可见芦苇丛，路也都是踩出来的沙土路。村里最高级的交通工具就是三轮车，沙土路上，汽车一过尘土飞扬。村里的房子也破破烂烂的，全村 300 多人，每家一年的收入就百余元，有台黑白电视机便算是村里的富裕人家了。

大芬村落后且偏僻，办画厂却是最佳选址。布吉属关外，房租便宜，民风也淳朴，虽是蛙鸣狗吠，入夜不敢出门，但可以给画工一个安静的环境专心作画。 1989 年农历八月十四，黄江带着 20 多个徒弟来到大芬村，花了 1600 元租下了村口 250 平方米的民房，在大芬村落下脚来。

黄江是口袋里装着沃尔玛的订单到大芬村的。当时行画市场价为 7.5 元一张，沃尔玛只出 6 元，但量大，第一次就要 6000 张，黄江舍不得放弃，接下了。由于质量不错，黄江成了沃尔玛指定供货商。

订单越来越多，画工们干活越来越有劲。一些广州美院、四川美院等科班出身的毕业生也慕名到了大芬村。黄江的徒弟们看到了其中的商机，纷纷自立门户。慢慢地，大芬村的行画工厂多起来，名声也渐渐大了起来。

1992 年 4 月，一位法国客户给了黄江一单 36 万张行画的订单，要求一个半月完工。

时间紧迫，还真被“逼”出了行画后来惯用的流水线模式：

专人画山，专人画树，专人画鼻子，专人画眼睛，每个人负责一部分，水平稳定。流水线分工大大加快了生产速度。后来客户来验货，直夸这些画就像复印出来的一样。

2000 年以后，来大芬办画厂、开画廊的人越来越多，整个大芬村出口的油画就占了欧美油画市场的 70%。

黄江，真“大芬油画第一人”。

画工自述[1]

1. 参见天涯杂谈“到处是春天”自述。

2005 年末，我刚满 18 岁，却因家境困难辍学，跟随同村朋友小杨来到深圳。小杨和我同龄，早已在大芬油画村里混了两年，学画人物临摹。

我没有任何绘画基础，对绘画甚至连兴趣都没有。

大部分来大芬学画画的人，像我，没有学历没有技术的农村二代，来这里只是讨生活讨口饭吃。画画和进厂做工收入差不多。只要在速成班里用三五个月学会如何填色后，就能迅速融入行业里，成为商品画的底层供应链中的一分子了。

我的老师的画室在大芬油画村老围东一栋农民房三楼，是套三房一厅，光线很阴暗。一进大厅，就看到里面三面墙壁都钉有巨大的画板，画板上到处污渍斑斑，连墙壁也被飞甩得到处是颜料。这些大团大团且乱七八糟的色彩令我想起了以前读书时的厕所墙壁，到处都是屎尿的痕迹，跟这种感觉倒很相似。而头顶上，两侧墙壁各打了数根铁丝线，它们齐齐横跨整个大厅，每一根钢丝线都吊满了一幅幅尺寸各异的油画。那是刚画好或打好底的作品，全部吊在空中等着晾干——在大芬油画村里，只要是用来画画的房子几乎都是这样大同小异的情形，差别只是你画的是什么风格的画而已。

室内的空气也十分糟糕，因为有油画颜料、松节水和煤油等化学物品在挥发，整套房内每时每刻都充斥着一股厚重浓郁的油性味道。可是那时候并没有人告诉我们，这些东西其实对人体是有害的。我们每天都在这种异味空气下呼吸。

老师收了好几个徒弟，每次一上课，这房子大厅里就站满了人，有时候连转身都得回头看看有没有人在后面挡着，不然手中画笔的颜料就抹到对方身上了。

为了省钱和方便，学徒就租住在画室里。老师租的那套农民房本来就只有三个房间，他自己住一间，其他两间就出租给学徒睡，分男孩一间女孩一间，大厅就用来画画。我们住的房间里面没有床，为了节省空间就打地铺，因此一个房间可以睡好几个人。而伙食是一起凑钱每人轮流做饭。

老师是个四十多岁农村来的男人，头发又长又乱，胡子拉碴的，经常不换洗衣服，身上有股臭味。当时，很多人觉得这样才像“艺术家”。

学了半年，我离开老师，开始拿自己临摹的画作到处去画廊推销自己。这种做法是绝大多数大芬油画村的画工们一开始讨生计的方式，你擅长画什么风格的油画，你就要去挂有这种风格油画的画廊里找老板推销自己。

我抱着一张梦露的肖像画找到一家老板，居然得到60cm×60cm尺寸的油画订单，每幅10元。那天兴奋得不知所措，我数了又数那些照片，一共有5张，那就是50块呵。当晚画了一个通宵。

拿到第一份收入，我也会“奢侈”一把的。大芬油画村菜市场旁边那家四川小饭馆做水煮鱼很好吃，而且价格便宜，深得我们欢心。我点一份15元的水煮鱼，免费送两碗饭，吃完还能再打。那盆小分量的水煮鱼被我吃了又吃，捞完鱼肉捞豆芽，直到吃得连汤汁都不剩了还意犹未尽。

中国梵高

2014 年，42 岁的赵小勇回到湖南邵阳的一个小山村。老家的亲人都不在了，只剩下白发苍苍的老奶奶。在故乡的老房子里，他回想起少年辍学的情景，不禁仰面而泣，他记得叔叔责怪妈妈，妈妈无奈地回答“没有钱……”

17 岁的赵小勇来到深圳，先后在藤篮厂、陶瓷工艺品厂打工。1996 年底，工友带他来大芬村，他动心了，觉得画画比打工强。当时，油画村梵高的画卖得最好，他一发狠，把自己关在屋子里临摹梵高的作品，从上午一直画到凌晨。终于有一个香港画商收了他两张画。他拿着卖画的钱，买了一本梵高的英文画集，反复比对琢磨，技艺大长。同行公认，他的梵高画临摹得最好。

随着订单增多，赵小勇开始带徒弟，他的第一个学生成了自己的妻子，专画《星月夜》《向日葵》。第二个学生是弟弟，专画《夜间的露天咖啡座》。第三个学生是小舅子，专画梵高自画像。

“那几年，我几乎把梵高所有的作品都画过了。《鸢尾花》《向日葵》我都画了两万幅。直到现在，我画梵高的画从来不用草图，可以直接在画布上落笔。订单最多的时候，我一天差不多可以画 10 幅梵高的画。”

梵高一生只卖掉一幅作品，赵小勇在大芬村 20 年中却销售近 10 万幅，买了车子、房子，过上了小康生活。

《梵高传》在深圳放映，赵小勇带着画室徒弟前往观看。电影里，梵高说：“我得了病了，我画了这些画，大家都不认同。”

梵高的不幸人生让赵小勇萌生去荷兰的冲动。在荷兰，他见到多次采购他行画的老板。他的画并不挂在想象中的画廊，而是摆在街边小店叫卖，这多少让他有些失落。店主认出他，立即上前拥抱，还把他的画举到手里，向顾客展示，称画得太好了，简直分不清是原作还是临摹。

在梵高美术馆，赵小勇驻足于一幅幅梵高真迹前，久久凝望不语。他反复端详那幅临摹过上万遍的梵高自画像，许久，自言自语道：“不一样，颜色不一样。”离开时，保安得知他画了数万张梵高的作品，赞叹之余，又问他有没有自己的作品，赵小勇蒙了。

第二天，他来到梵高墓祭拜。依照家乡习俗，在墓前点了三支带去的中国香烟。

重回大芬村，赵小勇开始原创，他还专门回邵阳老家为80多岁的奶奶画像，用画笔记录下童年走过的石板路。朴实的笔画，强烈的色彩，他的画中还留着梵高的影子。

生存与艺术，有时总难两全。

手机寓言

Mobile fable

2005 流行词“山寨”

手机寓言

1

1973 年 4 月 3 日，纽约曼哈顿高楼林立的大街，马丁 · 库帕手持一个砖头大小、上面长满按键的怪物走出摩托罗拉实验室。大街上的行人无不停下脚步，驻足观望。在此之前，谁也没见过没有绳子的电话。在众人的注视下，库帕按下了一串电话号码。电话通了，是打给贝尔实验室无线通信权威尤尔·恩格尔的。库帕用几乎颤抖的声音说道：“尤尔，我正在用一台真正的移动电话和你通话，一台真正的手提电话！”

这一年，与纽约相隔一个太平洋、十三个时区的深圳只是一个连中国人都很少知道的农村墟镇，人口两万多，但这是户口上的数字，不少家庭已人去房空，逃往邻近的香港。

《纽约时报》总编辑西默 · 托平早年在中国做记者，报道过共产党解放南京的情况。他被破例允许从深圳进入中国。深圳给他的印象是一片荒凉，高音喇叭挂在简陋破旧的车站反复播放同一首歌曲 ——《大海航行靠舵手》。

没有人能预知，曼哈顿街头发生的事情会与深圳有什么联系。

任何一项伟大的发明都是一个改变世界的预言，而世界的真正改变要等到多年以后它的广泛应用。

2

30 多年后。

深圳每年有超过 5 亿台手机源源不断运往世界各地。这仅仅是出口，不包括内销，也不包括“山寨”。深圳一个叫华强北的小地方，那里的工人只需要 15 分钟就能完成上百道工序，组装出一台任何品牌的全新手机，价格仅仅是市面手机的一半。这种被称为“山寨版”的手机，销量最好的时候一年卖出了一亿多台。

华强北位于深圳福田区，面积只有 1.5 平方公里左右，约占深圳面积的 1/1300。在这片狭小的土地上，拥挤着一万多家电子用品商店与公司，每天有 50 万顾客穿梭来往。在人头攒动的街道上，能买到组装手机需要的任何零件。

2017 年 4 月，美国硅谷前软件工程师斯科蒂·艾伦在 YouTube 上发了一个视频，当天点击量超过 200 万。视频记录他在华强北只花 2000 元人民币买齐所有零件，组装了一台全新的 iPhone 6S。这个平实的记录赚足了眼球，来自地球各个角落各种肤色的人们围观的不是手机装配，而是深圳奇迹。

3

人类历史进入 21 世纪后，一个怪物像瘟疫一样蔓延传染，迅速征服全球，似乎没有哪个个体能够免疫。

这个怪物被称为“手机”。手机的出现，几乎改变了这颗星球上每个人的生活与行为方式。无论在车站、码头，还是路人行色匆匆的街上，“低头族”已成为世界每个城市前所未有的风景。即使是远在非洲部落的聚居点，也不缺乏翻看屏幕的居民。

如同火和蒸汽机的出现，人类的历史似乎多出了一个划分标准——手机时代与没有手机的时代。这两个时代有着断崖般的区别。

读屏方式使所有纸质媒体出现了从来没有过的危机。新闻传播的途径也在悄然改变，报纸是一个正在消失的名词，人们远离习惯的电视节目只是时间问题。世界骤然间变小了，即使在万里之外，你也能从小小的屏幕上目睹亲人朋友的音容笑貌。就连使用了几千年的货币也被这个怪物虚拟化，当街头一个卖烤番薯的摊贩也挂着一张二维码时，没有人不感叹，世界真的不同了。这个小屏幕里装着一个诱人的世界，各种游戏、音乐、影视、社群、数不尽的八卦与新闻，刺激体内多巴胺分外活跃，欲罢不能。

手机几乎变成人类生长出来的一个不可或缺的新器官，哪怕短暂地离开手机，人们也会顿时茫然无措：亲友立马失联，信息陡然中断，支付无法进行，习惯的虚拟世界也大门紧闭。也就是说，失去手机，便是倒退回一个时代——没有手机的时代。

深圳，似乎是为这个新时代而生的城市。

“山寨”十年

1. 联发科

“山寨”这个汉语词语出现在20世纪后期。英文报纸直接用拼音写作shanzhai，而口语中，人们则有些诙谐地说成copycat。

“山寨”一词不只是对语言的丰富，也是一段特别历史的语言固化记忆。所有语言都是一种模糊的表述，“山寨”这个词其实包含太多复杂的内容，很难用贬义或褒义定性。

1998 年，中国第一台手机“科健”问世，模仿的是韩国三星；随后热销的波导手机，模仿的是法国品牌。因质量问题较多，坏了也没有完善的售后服务，它们最终昙花一现。当时的手机制造技术，全部掌握在诺基亚、摩托罗拉等外国品牌手中。

2003 年，来自台湾的联发科公司打破了这一局面，他们推出了一揽子 GSM 手机的解决方案。也就是说，只要使用联发科芯片，加个外壳电池，手机的制造就完成了。不管你是卖肉的还是教书的，只要小有积蓄，都可以参与这项高科技产品制造。

联发科的创办人因此被戏称为“山寨手机之父”。

2. SZ

手机的热销使得许多人从全国各地奔向深圳华强北。一篇网文这样形容：那时候，他们是华强北横着走的一拨人。“谁谁年初投了几百万做手机，年底赚了 10 倍”的故事成了餐桌上、短信里最热门的谈资。

华强北“不到一平方米的档口，背后也许就有一个自己的牌子和加工厂，即便这个‘工厂’只有几个人，也不妨碍他们创造年入几百万甚至几千万的神话”。

“山寨机”展现了中国人某种充满喜感的创造力。

那时的手机有带化妆镜的，有带打火机的，有的干脆制成中华香烟的式样。信基督的有十字架手机，信佛教的有佛教风格的可供挑选，真可谓个性化无敌。大喇叭手机声音大到穿过一条街道，闪着跑马灯的手机是打工仔的不二之选。现在品牌机的双卡双待或许来自“山寨机”的创意，“山寨机”有四卡四待的。至于待机问题，那时的“山寨机”有的待机时间可长达几十天，有的干脆使用五号电池。

“山寨机”价格亲民，深受劳苦大众喜爱。一部正品的NOKIA要5000块，外观真假难辨的NCKIA，500块便可买到手，功能比原装机还多。只要华强北出现热门机型，几天后就能摆上迪拜市场的柜台。2007年，深圳“山寨机”出口达7000万台，有2000多万台销往迪拜，其余的销往北非、印度、巴基斯坦等地。

一些“山寨机”要流氓，明目张胆地模仿热销品牌。不仅外观一样，名字也鱼目混珠，“NOKIA”改成“NCKIA”就敢上市。

大多“山寨机”规矩些，把品牌委婉地写成出厂地“SZ”，也就是“深圳”两字首字母。大家心领神会，把这两个字母读作“山寨”。“山寨”代表远离管控的一片江湖，两个方块字，足以体现中国人的语言智慧。

3. 陈老板[1]

有朋友来家里做客，陈老板从抽屉里翻出一部手机——大气的“土豪金”配着银色的键盘，手机顶端竖着一根天线，袖珍版的“大哥大”，这部名为“520”的手机由陈老板在2006年所造。

这个如今看来土得掉渣的“520”，当年上市曾受到热捧，月销数千台，每台手机利润达三四百元。陈老板包下某工厂的两条生产线，日夜为其赶工。“那时顾客都先打款，再到我这里排队买手机。”

1. 参见余胜良：《华强北：“山寨世家”的辉煌与没落》，《商业文化》2016年第16期。

通常来说，“山寨机”的生命短暂，但陈老板的“520”热卖一年多，市场上还出现了盗版。这部“520”让陈老板和他的小舅子、外甥以及技术合伙人赚得盆满钵满，当年就在深圳买了房子。

往前回溯，陈老板曾经是普宁的一名语文教师，43岁时放弃教师职业下海经商。1999年，他投靠身在广州的小舅子，并联合外甥在广州南方大厦的新亚洲广场售卖来自香港的私货三星手机。

2002年初，他们发现在广州售卖的华强北“山寨”手机利润可观，新的商机让他们决定转战华强北。2005年6月，陈老板在华强北成立了自己的公司。

4. 老外笔下的华强北[1]

1. 参见[美]布莱恩·麦切特：《iPhone简史》，天地出版社，2018年。

华强北是一个繁华的大集市——拥挤的街道、闪烁的霓虹灯、街边小贩和一根接一根抽烟的人们。

我和我的向导王先生走进了赛格数码广场。这里的电子产品摊档售卖各种产品，让人眼花缭乱：无人机在头顶盘旋，高端游戏主机发出耀眼的光，顾客在查看各种芯片，还有人在踉踉跄跄地体验平衡车。不远处，几家摊档以很便宜的价格出售“山寨”智能手机。一名女店员试图向我推销一部搭载安卓系统的“iPhone 6”，另一名店员则在兜售一部售价150元的华为手机。

一名年轻、羞涩的维修人员正在使用螺丝刀和指甲修理一台iPhone。我走到他的跟前，向他询问哪里能买到iPhone零部件。

他只是点点头，并没有抬头。

“你能帮我组装一台吗？”

“可以。”他说。

随后，他离开摊位，穿过华强北路，经过一个麦当劳餐厅，沿着一条小巷，走进一个巨大的零部件采购中心。

这栋距离赛格广场只有几个街区的四层建筑真是让人大开眼界。我从来没有在其他地方见过这么多的iPhone。不同颜色、型号和版本的iPhone成堆成摞地叠在一起。一些摊位伪装成维修点，一些年轻人在用放大镜检查回收来的iPhone，并用小工具将它们拆开。有的摊位摆放着成千上万个拆卸下来的iPhone镜头模组。一些摊位在销售定制手机壳——我后来回头花10美元购买了一个“限量版24K金”iPhone 5后盖和一些用来安装后盖的螺丝刀。另一张桌子上堆满了银色的苹果标志，店主在进行分拣。整个商场充满了采购者、卖家、维修人员，人声鼎沸，烟雾缭绕。

我们的新朋友没有浪费一刻时间。他穿过拥挤的人群走到一个电池摊位前，花15元购买了一块iPhone电池。我们跟着他在摊位间穿梭，看他购买了相机模组、黑色外壳、屏幕等各种所需的零件。最后，我们一行人来到由三名女子经营的摊点前，她们都在低头看各自的手机。他指着柜台下面的主板说：“这是整块主板。”真的，在这里你可以买到任何iPhone零件。

选购完毕，我们回到赛格广场的维修点。他把所有零件放到桌子上，开始组装。他将机身托住，然后将电池和主板放入机身，再用专门的螺丝刀拧紧。

这名维修人员自称Jack，来自汕头贵屿镇。贵屿是全球最大的电子废品处理场。Jack小时候自学了电子产品修理，起初只是作为业余爱好学着玩，后来他成了专业维修人员，并来到深圳，专职修手机和平板电脑。

看他工作让人觉得不可思议。他总共花了15分钟就完成了这部iPhone的组装和测试，最后还给手机装入了一张SIM卡，方便我在中国打电话。这部“全新”的二手iPhone 4S跟我的iPhone 6相比，运行稍微有些慢，除此之外，一切完好。

5. 挽歌

2011年5月，在华强北曼哈顿广场附近的居民楼，多部苹果、诺基亚高仿手机哗啦啦地从18楼飞下来，万幸没砸到行人。

路上停放的轿车、一楼人行道的不锈钢栏杆，被砸得坑坑洼洼，留下一地被砸坏的手机碎片。

一位网友把现场拍了下来，发到网上，这张照片成了“山寨”手机走向没落的最后见证。满地手机碎片如同一场伤感的葬礼。

海外品牌机的愤怒，带来巨大的舆论压力，深圳市副市长亲自带队到华强北清查明目张胆的“山寨机”。之后，几乎年年“3·15”，必有大行动。到2011年深圳举办大运会前后，政府打假力度空前加大，便有了高空扔落手机的一幕。

2008年，iPhone 3G发布，那种手指触屏的奇妙感觉引发全球热捧；谷歌的安卓系统也正式问世。属于手机的另一个时代开始了。

6.“山寨机小王子”

网络曾热播一段视频——一个身穿破衣烂衫的流浪汉在华强北街头起舞。行人只要递上一根香烟，他就会开始表演旋转；如果给他一包，他就说，滚开，我只要一根。

他叫陈金陵，江西人，小时候爱跳舞，16岁就和他的叔叔来到深圳华强北打拼。适逢手机热销，他也创立了自己的“山寨”品牌，生意做得风生水起。几年间，他在飞扬市场就拥有了几个档口，身家过亿，被称为“山寨机小王子”。

政府查处，“山寨机”衰落，陈金陵积压了“山寨”手机上万台，随之破产。老婆卷款和别人跑路，他也精神失常，在路边喝酒睡觉。人生的所有感叹都化作一场舞蹈，一次疯狂的旋转，华强北曾经是他的舞台。

7. 传音

诞生于华强北的传音手机在国内鲜为人知，在海外却是一个响亮的品牌，巴西世界杯足球赛场曾悬挂它的巨幅广告。

传音不是“山寨”手机，却吸收了“山寨”手机的许多特性，价格亲民，功能接地气，而且售后服务良好。

2017 年，传音在海外销售上亿台手机。

非洲网络信号不好，传音手机主打双卡双待，最多可以插四张手机卡，可随时转换运营商，很接非洲地气。其拍照功能堪称经典，研发了基于眼睛和牙齿来定位的方案，加强曝光，帮助非洲消费者拍出美颜照片，一下触碰了消费痛点。

传音多年超越苹果、三星，蝉联非洲市场销量第一。公司全球员工超过 1 万名，销售网络已覆盖尼日利亚、肯尼亚、坦桑尼亚、埃塞俄比亚、埃及、阿联酋、沙特阿拉伯、印度、巴基斯坦、印度尼西亚、越南、孟加拉国等 50 多个国家。

2006 热门词 丛飞

爱心市民丛飞

2006 年 4 月 25 日上午 10 时，深圳市殡仪馆举行一个普通市民的告别仪式。成千上万素不相识的人自发赶来，殡仪馆里外挤满手捧鲜花、带着亲手折叠的千纸鹤前来送行的人群。

广场上，有人手举自制巨幅黑色横幡，“丛飞大哥，一路走好”，八个白色大字肃穆森然，让人望之含泪。

鲜花簇拥着丛飞的遗像，他的歌声一遍一遍在灵堂内回响："只要你快乐，只要你幸福，只要你圆上好梦，我就不辛苦；只要你开心，只要你如意，只要你回头一笑，我就很知足……”歌词和遗像上的脸庞一样朴实。

丛飞，原名张崇，23 岁毕业于沈阳音乐学院，后闯荡广州。举目无亲，衣食无着，常夜宿桥洞。某日，他唱《乌苏里船歌》，自抒落寞。一女孩为之打动，以 600 元相赠。丛飞得以登台歌手大赛，人生自此峰回路转。

丛飞立足深圳后，多方寻恩主未果，遂立志以善心回报社会。他义演 300 多场，捐助贫困伤残儿童数百人之多，金额数百万之巨，一生克己清贫。

2005 年 1 月，丛飞赴东南亚海啸灾区，抱病义演 6 场。彼时，丛飞已罹患胃癌，食物皆难以下咽。手头的 1.5 万元，本当用于治病，他却依然捐出。

次年，丛飞逝世，年仅 37 岁。

丛飞一生获荣誉称号无数。最贴切的，应是“爱心市民”，朴实如其人。

2007 热门词 五码机

华强北——一条街道的传奇（中）

2007 年 10 月，国务院宣布取消手机生产核准制，中国手机生产迎来“后牌照时代”。众多手机制造商纷纷获取入网许可证和 3C 认证，合法生产。“山寨机”除了“高仿”“低仿”，又多了“三码机”“五码机”这样的热门词。

这一年，如果你到过人头攒动的华强北，一定记忆深刻。想去商场，往往要穿过三道人群的围堵。街口路旁，会有一些中老年妇女向你兜售发票。摆脱纠缠，又有人向你展示假证，边防证、身份证、名牌大学毕业证，能想到的都有，想不到的也有。好不容易到达商场外面，会有年轻一些的男生女生过来，有些男孩西装革履，一副来自大公司的派头，问你要不要买手机。随后一串专用术语，“行货”“水货”“高仿”“低仿”“三码机”“五码机”，他会告诉你，能上网查到“五码机”的政府登记资料，但价格比“三码机”高出许多。

那时候，一部新功能的手机从设计到摆上柜台最快只需 7 天，每天有 3～5 个新品牌上市，一年出产 1000 多种品牌。

由于没有形成销售体系，来自全国各地的零售商必须从华强北拿货。从业者回忆，从早上 9 点到凌晨 2 点，全国各地的零售商排着队打款，等手机出货。一个小小的手机档口甚至需要雇佣几十个销售员三班倒。

这时候的华强北，档口价格一度被炒到 30 万元一平方米，还需要转让费上百万，依然一铺难求。明通数码城招商，一天时间就有近 5000 家商户前来认租，光是派去维持秩序的安保人员就有 100 多人。

2007 年 10 月 12 日，“华强北·中国电子市场价格指数”发布，宣告华强北成为全球最大的电子产品交易市场之一。有人统计，华强北仅仅 1.5 平方公里左右的土地上，日均人流量高达 50 万人次，日均资金流量以 10 亿元计，至少产生了 50 多个亿万富豪，千万富户无数，还孕育了腾讯、神舟电脑、同洲电子、金证、洪恩软件、易道智慧等一批知名企业。

创业记——神舟电脑

应该说，有些人的商业直觉是天生的。吴海军出生于江苏南通，血液中有一些不安分的因子。他先当小学教师，后来考了江苏教育学院大学本科。1991 年，吴海军又跨专业攻读东南大学动力工程系研究生。1994 年，他为写毕业论文到了华强北，马上敏感地意识到这里蕴藏的巨大商机。

1995 年 1 月，吴海军在赛格电子市场租了一个柜台，做起了电子配件生意。他在家乡找了一家有实力的公司 —— 南京中银，为这家公司在深圳采购、发货。

一切商业行为最本质的东西就是价格，吴海军对价格可谓十分敏感。

他发现，华强北的电脑配件主要来自香港，春节前后是销售淡季，商家都清空库存，度过长达 20 天的假期。这时候，电子配件价格极低，于是，他反其道而行之，从电脑硬盘入手，几乎买断香港货源，囤积起来。1995 年春节，电脑因货源不足，价格大涨，吴海军由此赚到第一桶金。

吴海军学的是动力工程专业，但他在华强北过手了所有计算机配件，开始做起了计算机主板。

2001 年，一台“奔四”电脑的价格在 1 万元左右。这一年，中央电视台黄金时段推出一则广告，“4999 元，奔四主机抱回家”，对于电脑行业，无异投放一颗巨型炸弹，业内人士纷纷指责吴海军的神舟电脑为价格“屠夫”。吴海军回应：“我不过是让电脑回归到价格的本来面目。”

到“3999 元双核独显笔记本”，再到“2999 元笔记本大战 PC”，神舟每一次新产品发布，都以超低价格引发一场电脑市场的大洗牌。神舟电脑依托华强北，凭低价策略一招攻城略地，一跃成为百亿级企业，在龙华与华为、富士康一道，拥有大型产业园。

吴海军嗓门很大，一口家乡口音的普通话，爱讲民族情怀，好出惊人之语。国产电脑整机生产，一路拼杀，联想、神舟两家公司脱颖而出，他又打广告：“有了神舟笔记本电脑，你还需要联想吗？”

创业记——普联路由器

安徽桐城人赵建军，是计算机专业毕业的硕士。1991 年，他被借调到深圳亿利达公司工作。

本来干得好好的，却因部门裁员，丢了饭碗。

好在华强北是一本教科书，最不缺财富神话。他没有消沉，而是在赛格电子市场租了一个一米柜台，销售电脑配件，与吴海军做起了邻居。生意就是生意，没有人关心谁是不是名牌大学硕士，一切从底层做起，搬货送货，算账数钱。白面书生哪知社会凶险，华强北不全是表面那般光鲜，一个生意陷阱，几乎骗光他全部家当。

这样的打击，令赵建军萌生退意。他心情落寞，一天独自上街，身边两个路人正发牢骚，抱怨家里电脑的路由器又贵又不好用。当时路由器主要来自美国和我国台湾地区，销量很低，而且功能复杂。赵建军灵机一动，以他的专业，不正好可以做路由器吗?

1996 年，普联技术有限公司成立，针对中国家庭，研制了一款路由器芯片及家用显卡。进口的路由器操作起来复杂烦琐，极不好用。普联直接将国人用不上的功能统统删掉，只保留了一些核心功能，简单易操作，还价格低廉，一经上市即销售火爆。

从华强北一个小柜台白手起家，今天，普联成为拥有 2 万员工的大型企业，TP-LINK 已经在深圳、北京、上海、广州等十几个中心城市都设有销售和服务中心，还在德国、瑞典、新加坡、印度、俄罗斯设立了直属的海外子公司或代表处。普联占据了国内 75%的市场份额，超越美国思科，以 20.7%的市场占有率排名全球第一。

创业记——开店纪实[1]

说到租 office，华强北这边的写字楼可真贵，好点的基本上都上百元一平方米，差点的也要 80 元 / 平方米。我也想明白了，没有多少大洋，准备租一个省钱的小办公室就好了，看起来正规一点，另外，有客户或朋友来，也不要显得太砢碜！但是到哪里去找既省钱又好的 office 呢？话说这个华强北是中国乃至亚洲的半导体集散地，想把办公室租在这儿也是基于这个原因。

…………

话说回来，中介只会给你佣金高的场子。真正适合你的？鬼才关心……哪里交通好，电梯相对不堵，哪里有空场，哪里安保严，还不如问我们的送餐员小伙子们呢，对华强北，只有做物流的和为我们送餐的才称得上了如指掌……

…………

功夫不负有心人，周末我终于找到一家离华强北相对比较近的老工业区改造的 office，环境虽然差点，但是还是可以用的。

下午去注册了香港公司，就是华强北街头都可以看到的那种，花几千块钱就可以搞定。先交了定金，接待小姐说需要耐心等候 3～5 个工作日，相关证件就可以下来了，余款等证件下来再付。真想不到手续这么简单，香港特区政府的办事效率真是高啊。

…………

下一步要做的就是建公司网站、印名片等宣传方面的事情了。到下周就可以开工了。本周需要联系一下老客户和一些业内的朋友了。

个人觉得压力还是蛮大的，辞职出来一个月了，没什么收入，什么都是在花钱。创业就是吃老本啊。（最近感觉银子出去哗哗的……）

不断和原来的客户、朋友联系。总算有人来询价了。

1. 参见天涯论坛帖子《而立年后白手起家的创业故事——进驻华强北》，楼主“进驻华强北”，发帖时间 2011 年。

…………

今天收到客户的货款了。哈哈，其实赚的并不多，不到三百块，但是比我平时炒股赚三千还爽。客户那边说了，这批货交了，后面还有需求。憋了一些时日的我终于可以长吁一口气了。第一张订单来的时间比我计划早了不少（我准备 2 个月没订单呢）。

上周拿到 2 张单，收入接近 1000 元，感觉不错。主要是一些老朋友、老客户的支持！现在每天最期待的是给货物打包。出货的感觉真好！

创业记——破烂王

李一航初到深圳，晚上在天桥上摆一个地摊，替人修手表。一天 20 多元的收入，连吃饱饭都是一个问题，天天还要躲城管。

一次，他拾到一部摔成两半的手机。于是他步行 20 多公里来到华强北，没想到这部坏手机竟然卖了 300 多元钱。回收坏手机成了李一航的第二个职业。

2004 年 1 月，他租了一个单间，把父母接过来一起住。为了让父母过上好日子，他拼了命地干活。最多的时候，他一个人搬了 6 吨货。

2007 年的一天，一家电子厂倒闭，打算拍卖一批废旧手机，要价 90 万。

别说 90 万，那时候，他连 9 万都没见过。他记得一个名叫潘云贵的人，也是做过电子产品回收生意，之前跟他说过："以后遇到大生意，可以给我打电话。"

90 万买一堆电子垃圾，接到电话，潘云贵心里很没底。李一航说：“如果亏钱，我给你打工，这一辈子不要工钱，我愿签字画押。”

货买回来，短短 3 天，李一航卖出 130 多万，帮潘云贵净赚 40 多万。

潘给了他 10 万，他却不肯要，他让潘帮他注册一个电子产品回收公司。这让潘大感意外，帮他注册公司，还给了他 5000 元帮他起家。

拿着 5000 元钱，李一航到宾馆开了一间房，去里面洗澡。他从没冲过淋浴，觉得新奇，打开水，差不多洗了两个小时。

当年年底，他的电子垃圾生意为他赚到人生第一个一百万。

2008 关键词 金融风暴

音乐停止之后[1]

罗斯福厅没有窗户，距离椭圆形办公室只有几步之遥，壁炉上方悬挂着“狂野骑士”西奥多·罗斯福的一张老照片，照片中的他正骑着一匹前蹄抬起的高头大马。我和保尔森的前面摆放着一张擦得光亮的实木桌子，桌子对面坐着白宫当时的主人——乔治·沃克·小布什总统。此时的他，脸上写满了忧郁。总统旁边坐着时任副总统迪克·切尼。总统的顾问们、保尔森的高级助手们以及其他金融监管机构的代表们围坐在桌子四周。

通常来讲，总统喜欢保持一种轻松的会议氛围，在正式开会之前，他会先说几句俏皮话，或者跟一位关系密切的顾问开个善意的玩笑。但那天下午却没有出现这番情景，他直言不讳地问道：“我们怎么走到了今天这个地步？”

这个问题振聋发聩。一年多来，我们一直在绞尽脑汁地应对一场失控的金融危机……

早在雷曼兄弟破产之后，市场已经陷入了全面恐慌之中，其严重程度，大萧条以来从未见过。在周一的交易日当中，美国道琼斯工业平均指数重挫了504点，创下2001年9月17日（“9·11”恐怖袭击事件之后股市重开之日）以来最大的单日下跌点数。抛售浪潮扩散到了全球市场。

1.参见[美]本·伯克南:《行动的勇气：金融风暴及其余波回忆录》，中信出版集团，2016年。

2007年，美国一场看似平常的房屋次贷危机，最终引发波及全球的金融海啸。

处在世界经济大循环之中的深圳没能幸免。

股市狂泻。上证指数从6124点一路跌至1664点，几乎每个股民都惨遭血洗。

房价暴跌。2008年底，前海楼盘最低7380元/平方米。几乎每周都有因开发商降价而引发的维权事件。李嘉诚旗下的房地产项目售楼部遭打砸，一片狼藉。拥有140家门店、数千职工的房产中介“深圳中天置业”一夜间崩盘，总裁卷款跑路。

企业倒闭。深圳市工商行政管理局公布了2008年统计数据。1—11月，注销的企业达3471家。位于东莞樟木头的全球最大玩具代工企业合俊集团旗下两家工厂同时宣布倒闭，上万工人失业。

这一年的中国发生了很多大事。汶川大地震，几乎大半个中国都有震感。随之而来的北京奥运会，又让整个国家从悲伤中振奋起来。

其实，比金融风暴影响更为持久的历史事件也在这一年发生。北京时间6月10日凌晨，苹果“全球开发者大会”正式开幕。当乔布斯在现场展示3G版iPhone时，仅黑、白两种色彩可选择的外观以及美妙的触感让人眼前一亮，全球大城市都有人通宵排队购买，发售首周销量超过100万台。人类的智能手机时代真正开始了。手机产业在金融危机中成为巨大的亮点，当年中国手机产量高达6亿多台，较上年增长16.9%。中国电信在这一年开通3G网络，用户高达3亿。华强北一派繁忙。

一本关于探讨这场风暴的经济学专著这样写道：音乐仍在演奏，你必须起身舞蹈。当音乐停止之后，椅子的数量明显不够，许多人再也找不到自己的座位。

深圳找到了自己的座位。2008年，全市生产总值7806.54亿元，同比增长了12.1%。

大芬村启示录

音乐早已经停止，深圳的大芬村还在寻找属于自己的座位。

陈武景到大芬村学画时，眼前还是一个破旧不堪的小村庄，排水沟是外露的，画廊也只有十来家。豪华的大芬美术馆那时还是大芬小学，如今人头攒动的沃尔玛那一年还是一个天坑，里面积满了水，小鱼儿偶尔跳出水面，水波慢慢晕开来……他的日记里有一段话："……清楚地记得刚进村时，经过老围东小巷，看着老鼠在排水沟里乱跑，还有几只母鸡死盯着水沟里的小蟑螂……"

一个鸡鸣狗吠的客家村落，因为这些画工的陆续到来，开始了它空前的繁荣。

首届深圳文博会后，大芬油画村名扬天下。狭小的村落里拥挤着上千家画廊商铺，寸土寸金，村里一楼的墙面全部一个连一个装上卷闸门，每个卷闸门都做成了特别的铺面，打开门，墙上挂几幅画，便可做生意了。上万画工云集这里，工业化生产，几人，几十人，甚至上百人排成一行，面前摆着画笔颜料，流水线作画。货柜车天天在村里几条短短的街道奔忙，成吨成吨的油画发往世界各地，每年为这个小村落带来40多亿元收入。

"如果没有2008年，我还保持着以前那种混沌的自信，认为只要你有能力，就有机会，就有单子，可以赚到很多钱。"见证了大芬油画村兴衰的陈武景感叹。

金融风暴给大芬村带来寒意，原来做不完的订单骤减 80%，大批画工因之失业。

大芬村如何找到自己的座位，成了无法回避的话题。

地方政府早已意识到，仅靠临摹复制，大芬村经济增长无法持续，于是陆续从东北、内蒙古引进 20 多位各级美协会员，落户深圳，并且予以廉租优惠政策：国家级美协会员，三室一厅；省级美协会员，两室一厅；市级美协会员，一室一厅。发展思路是以原创代替临摹，但收效甚微。

逐年高涨的房租物价，使大批画工向生活费用低廉的地方转移。坚守大芬村的一些商家，他们出售的行画，已基本不产自大芬村，大多来自福建。越南的胡志明市近年也出现了画家村，有人去看过，“与 10～15 年前的大芬村很像，几百家画廊，规模很大，便宜得要死。那里普通画工一月只要 800 元的生活成本，而在大芬村没有几千元生活不了”。

行画和艺术是一对容易让人产生误解的概念。其实，行画是一门生意，它的制作，是一个“活”，与木匠、泥瓦工没有什么不同。艺术则是充满孤独与个性的原创行为，不是靠抱团生产的。

黄江的徒弟吴瑞球，一度为大芬画家村龙头企业掌门人，他有一个提法，“让大芬油画占领大众墙面”，把行画理解为大众需求的一种视觉之美。

大众审美永远是媚俗的，像天上的云彩一样，跟随金钱的气味变化不定。

寻找失落的繁荣，是人类生活的永恒主题，这个主题贯穿了人类整个历史。

深圳短短几十年变迁，依然有许多失落的东西需要寻找：蛇口、沙头角、华侨城、华强北……

有些也许能够找回，有些也许永远也无法找回。因为，那只是各种能量因缘聚合的一场相遇。

2009 热门词 电商

富士康

1. 龙华帝国

2009年5月27日到6月6日，苹果手机3GS上市前最关键的十天时间里，富士康组装了64万台手机，平均以每分钟45台的速度源源出厂。

苹果公司曾经在新一代手机发售前突然改变屏幕设计。当晚，富士康的大小工头奔向宿舍叫醒数万工人，半小时后，新屏幕苹果手机以每天数万台的速度生产。手机销售如常，一切波澜不惊，好像什么事也不曾发生。

这个工厂的高墙中，邮局、银行、学校、医院、餐馆、网吧、影院、运动场馆应有尽有，厂区内500多台电视滚动播放富士康新闻，电视台号称“FTV”。最高峰时，有近30万员工在这里工作，每到上下班时间，北门的过街天桥上，人流前胸贴后背，通常会踩掉鞋后跟。多个巨型食堂，每个能容纳2万人同时就餐。中央厨房超过一万平方米，有七条蒸、炒、煮生产线，每天用掉40吨大米、30吨蔬菜、10吨面粉、200头猪、10多万个鸡蛋。

2. 摩登时代[1]

上班前的15分钟内，每个员工需要拿厂牌放在打卡机上打卡。

1. 参见尹聪:《富士康员工自述: 干久了会变成行尸走肉》，新京报报道。

然后，一个负责点名的男线长，召集工人在车间的前门集合，查看迟到和旷工情况，给每人发一副白手套。有的车间还会让工人们喊上一曲《团结就是力量》。

“开线。”晚上 8 点一到，女线长就会以混着威严的口气下达命令。她快速地按下开关，流水线上方的灯亮了起来，惨白的光打在每个工人脸上。

六七米长的流水线转了起来。它载着一片一片的“料”向下游倾泻。这些“料”以手机和镁、铝合金板或者金属框架为主。它们在生产线上被摆成一条线，相互间隔不超过 10 厘米。

紧接着，一只只戴着白手套的手在生产线上来回翻飞。难熬的夜班开始了。

喷码线每天领到的排配量（即任务量）不尽相同，如果以排配量为 5.4 万个计算，平均下来，工作的 10 个小时内，我们 6 个收料员每人每小时要收 900 个“料”，即每 4 秒就要收一个。

“料”多的时候，便是一阵手忙脚乱。工人只能站起来，双手不停地把那些“料”从流水线上往面前的板台上扔。待到“料”来得稀松时，再急促地将它们摆到托盘里——不用冀望托盘不够用时，可以趁机歇一歇——当瞅见收料员身旁的托盘不够时，一个专门负责的工人就会“及时”地抱来一摞。

一个小时内，白手套就会染上油墨。日积月累，油墨也早已把流水线上的绿色覆盖成黑色。再过不了多久，手套磨出了口子。这时，往指头上套个塑料指套，继续干。

干活必须迅速，否则前面的“料”堆多了，一通催促甚至是呵斥不可避免。

机械且高度紧张地做着一个又一个的动作。休息之于工人而言，就成了期盼。除了晚上 11 点—12 点之间一个小时的吃饭时间外，晚上 10 点和凌晨 3 点各有 10 分钟的休息时间。不过，排配量大的时候，这 10 分钟的休息也有被线长取消的可能。

休息时，女工或趴着眯会儿或跑去喝水，而男工则吆五喝六地蹲在车间后面的小屋中点上一支烟——出于防火考虑，富士康有一些固定吸烟区，吸烟区外则不允许员工吸烟。

约莫一支烟的工夫，女线长再喊一声“开线”，惨白的灯光“刷”地打下来，流水线又开始转动。

“挺过下半夜”，是一段漫长且饱受煎熬的历程。往往凌晨三四点左右，“料”来得最“澎湃”，睡意不可遏制地袭来。

挨个看去，每个工友的脸上都写满倦意——他们刚上班时，还聊得热火朝天。此刻，车间里安静极了，只剩下流水线转动和收放料的声音。

早晨7点左右，终于下班了。走出车间，像个大病未愈的人“飘”在路上，跟踩着棉花一样。

3. 毛巾的最后一滴水

从2000年开始，美国最畅销的10种产品中，有7种是富士康做的。很多知名品牌的第一款产品，也是在富士康深圳工厂亮相，进而销往国际市场。全球40%的电子产品出自富士康。

工业流水线的鼻祖亨利·福特曾说，没有人能管理100万人。富士康员工总数一度超过120万，把工业生产管理做到了人类的巅峰状态。

2011年，富士康进出口总额为2147亿美元，约占中国进出口总额的6%。连续十几年，富士康始终霸占中国出口第一，成为全球唯一能连续六年名列美国《商业周刊》科技百强前十名的公司。

在残酷的企业竞争中，富士康为了获取订单，将报价压低至令所有对手望而生畏。

有调查数据显示，一部售价高达几百美元的iPhone，富士康能拿到的，仅 6.54 美元。如果再扣掉成本，组装一部 iPhone，只能赚几十美分。而 iPad 每卖出一台，富士康仅平均获得 8 美元的收入。

毛巾的最后一滴水被拧干了。

有报道说，苹果公司联合创始人乔布斯参加的最后一次政府活动是奥巴马主办的宴会。宴会上，奥巴马问乔布斯，能否把苹果生产线搬回美国？乔布斯答，回不来了。

大特区

Special economic zone

2010 热门词“双十一”

大特区

2010 年，这座年轻的经济特区 30 岁了，让人记忆深刻的场景之一，是生日庆典夜空灿烂的礼花。最重大的“生日礼物”来自北京。中央决定，将经济特区范围扩大至整个深圳，面积将近 2000 平方公里。二线关的关口犹在，二线关的长长铁丝网犹在，却不再是关内关外往来的障碍，“一市两制”连同背后的所有往事都已成为记忆。

有许多影响人类生活方式的事件都在这一年发生。iPhone4 的发布，智能触屏手机加 Wi-Fi 的使用，成为通信史上划时代的里程碑。这一年，全球手机用户激增，中国移动电话销售高达 8.59 亿台。

“双十一”，这个先前流传于年轻人中的娱乐性的“光棍节”在中国意外地火爆起来，不过，它在民间被戏称为“剁手节”。

2009 年，淘宝商城历尽坎坷，还在为活下去绞尽脑汁。有人想到美国“黑色星期五”的销售模式，提出搞一个“打五折，免运费”的促销活动。

做财务出身的张勇凭直觉，选中了 11 月 11 日。每年到第四季度，便是零售旺季，10 月有国庆，1 月有元旦，11 月有充分的发挥空间。光棍如果感到孤独，来淘宝商城购物顶好。

谁也没有想到这会是一个改变历史的时刻。几千年来习惯一手交钱一手交货的中国商家、顾客都在观望。主办方心里也没底，首届“双十一”，淘宝只有27个品牌方和一些媒体到场。在杭州总部会议室，摆了些零食饮料，市场部负责人宣布活动开始。当时，张勇还在北京出差。结果让所有人震惊，全天交易5000多万元，参与的品牌一天的交易额比平常几个月加起来还多。之后的“双十一”，数字变化是这样的：2010年9.36亿元，2012年191亿元，2017年1682亿元，2019年2684亿元。这简直是狂欢了。

深圳市民当然也是“双十一”的消费主力，而深圳许多商家则率先抓住了电商机遇。大芬村的画廊纷纷入驻电商平台，打开了国内家装市场；有些画廊仅靠“双十一”一天的货单就解决了一年的基本生存费用；华强北则因电商模式产生了一批电子通信元件销售新富翁。

这一年，更具标志性的事件是中国工业生产总值超越美国，位居世界第一。

微信传奇

1

那天晚上，张小龙原本是要去打桌球的，结果，他还是坐了下来，给马化腾写了一封邮件。

后来，张小龙在演讲中说：“我时不时会觉得有点后怕，如果那个晚上我没有发这封邮件，而是跑去打桌球了，可能就没有微信这个产品了。”

“我发现很多想法是突如其来的，或者说，是在合适的时候被放到你的脑袋中的。”

几个加拿大滑铁卢大学学生研发了一款叫 KiK 的聊天软件。2010 年 10 月 19 日，这款功能简单到极致的跨平台软件在手机及移动互联网上线。短短 15 天，竟吸引了 100 万的使用者。这不能不说是移动互联网时代的一个新奇迹。

2010 年 12 月，雷军的团队开发了中国第一款类似 KiK 的应用软件——米聊。宣传重点是：比短信方便，免费，不愁话费账单。这正是 KiK 备受热捧的特点。

张小龙的邮件中讲的，就是 KiK。将来打败 QQ 的一定是移动聊天软件，必须尽快开发。马化腾同意了，并为即将诞生的聊天软件取了一个贴切的名字：微信。

2

张小龙，湖湘子弟。好打牌，好玩游戏，好下围棋，好打桌球，好吃臭豆腐，好睡懒觉，不好讲话。曾就读于华中科技大学，老师同学对他的印象：闷。没有课时，能一觉睡到中午。

毕业分配不错，国家电信部门，待遇好，铁饭碗。他的感觉不同，跟人说，天天坐在这种地方，我会窒息。

于是辞职，买张硬座票，去了广州。他在电脑前一连坐了几个月，写下 7 万多条代码，一个社交软件 Foxmail 宣告诞生。Foxmail 一上线，立马吸引 200 多万粉丝，要知道，这还是国人刚刚普及电脑知识的 90 年代。有人说，当年要是在中关村大街上吼一句“这是写 Foxmail 软件的张小龙”，立马会有一批女孩围上来，要求签名。

后来，Foxmail 卖给了博大，价格 1200 万元，再后来，博大连同整个公司又卖给了腾讯。张小龙带着自己的团队，把 QQ 功能完善到极致。

3

KiK 的出现，犹如电光石火，张小龙意识到，智能手机时代到来了。PC 时代热门的社交工具，如邮箱、微博、短信等行将老化，人与人之间的沟通方式需要一种新的工具与之匹配。而张小龙的血液里有一种对优秀工具的痴迷。“由于我对工具产品的热爱，我甚至会亲自动手写代码来打造出一个 Foxmail 这样的产品来满足自己的制造欲望。微信的基础点，就是成为一个优秀的工具。”

早期的微信，主要还是在拷贝 KiK 的功能，谈不上什么竞争力。“摇一摇”“附近的人”“漂流瓶”这些独创的功能上线后，一下触碰到人性中最隐秘的痛点，用户数暴增。即使是最开朗的人，内心也会寂寞，每个人内心都可能潜藏着与陌生人对话的冲动。

“摇一摇”上线时，马化腾感叹，微博的一页翻过去了。随后他给张小龙发了一个邮件：“摇一摇”真的很好，但要防止竞争对手抄袭。

张小龙回复：这个功能已做到极简，极简是无法抄袭的。

接下来的 3.5 版本，微信做了分享二维码名片。有了二维码名片，陌生人见面，手机一扫，立马多了新朋友。这个功能上线，微信用户突破一亿。

到 4.0 版，微信有了“朋友圈”，这个完美的工具让太多人欲罢不能了。

聊天，点赞，朋友圈，玩游戏，网上支付，这真是一种全新的生活方式。

开发微信时，张小龙强调，微信不是一个聊天工具，而是一个生活方式。是一个，而不是一种。为什么？他也说不清楚，这需要各自寻找自己的答案。

4

一个好的产品是有自己的使命的。

“当一个平台只是追求自身的商业利益最大化的时候，我认为它是短视的，不长久的。当一个平台可以造福于人的时候，它才是有生命力的。

“人们会以为很多东西是正常的，比如开屏广告是正常的，系统推送的营销信息是正常的，诱导你去点击一些链接是正常的，这样坏的案例特别多。就像如果回到短信时代，每个人手机里面垃圾信息比正常信息还要多。但可怕的不是垃圾信息更多，而是大家认为这是正常的。

“当你知道什么是好的，什么是不好的产品，你就不能接受一个很烂的功能被加在用户的身上。所以微信一直坚持底线，我们要做一个好的工具，可以陪伴人很多年的工具，在用户看来，这个工具就像他的一个老朋友。”

微信不是张小龙的绝对原创，但张小龙秉持的这些理念，是使微信大获成功的一个重要诠释。

这是一个有趣的话题，精彩的原创通常一开始只是一个美好的预言，而预言的实现是在之后最对的时间里的一次完美的拷贝。

2011 热门词 大运会

不一样的精彩

大运会开幕的倒数声中，春茧体育馆巨大的玻璃幕墙上，观众看到的是一只巨大的中国古老算盘。当倒数接近尾声，一个巨人出现了，宽达 100 多米的幕墙转化为一扇门——“世界之门”，在巨人的推动下徐徐开启。数万名观众从不同角度看到了深圳湾的红树、大海，香港元朗的灯光。场内与场外浑然一体，融为一个独特的舞台。来自 150 多个国家和地区的 8000 多名大学生运动员从宽广的“大海”一边走来，通过“世界之门”，进入主会场。

没有传统的烟花焰火，也没有明星演唱，环保，简约，绿色，“世界之门”成功演绎了深圳大运会不一样的精彩。

“世界之门”曾被命名为“海之门”，宽约 110 米，高约 26 米，重约 200 吨，由 365 块 LED 显示屏组成的超大单屏，面积达 6000 平方米。合起来是银幕，打开是连天接海的巨型舞台。每一块材料都产自深圳本土企业。

大运会是深圳这座城市的盛大节日，100 多万市民报名，成为赛会与城区志愿者。无论在城市的哪个角落，都能看到志愿者维护交通，打扫卫生，提供服务。

而历经大运会的深圳，面貌也焕然一新。

龙岗体育中心，深圳湾春茧体育馆，不仅能承办世界顶级体育赛事，也是建筑艺术的杰作，为市民健身休闲提供新选择。

这一年，深圳地铁 2 号线二期（蛇口线）及 3 号线（龙岗线）正式开门迎客。至此，深圳地铁二期 5 条线路全部开通试运行，加上一期工程，深圳的地铁运行总里程达 178 公里。

一系列的整治措施下，深圳河这一年的水比往年清，天也比往年蓝。当年倡导的绿色出行活动，引起市民广泛响应，不只是减少汽车尾气排放，而且是市民的环保意识觉醒。大规模的绿化，使深圳成为一座公认的花园城市。

大运会期间，深圳的光亮工程采用了全球规模最大的 LED 景观照明系统，包括所有体育场馆以及城市的大小街道。滨河路—滨海大道 35 座立交桥、人行天桥照明改造完工，与主干道深南大道形成“双龙起舞”的绚烂夜景。如果夜晚乘飞机飞过上空，你会发现，从这一年开始，深圳之夜是如此惊艳。

京基 100 大厦

一座城市最直观的历史，通常就是它的高楼变迁史。

2011 年 4 月 23 日上午，深圳市重点城市建设项目——京基 100 大厦以 441.8 米高度顺利封顶。封顶仪式不只为大运会造势献礼，还别出心裁地办了一个“全球华人梦想封存盛典”。

3 月 31 日，“寄语未来 30 年”全球华人梦想征集活动启动，共收集来自社会各界名流、体育健儿、企业精英、普通市民的梦想 18 万个，引发广泛关注。

封顶仪式上，主持人邀请网友代表上台与观众分享自己的梦想，随后将录入所有网友梦想的芯片放入“梦想舱”。一批体育明星也悉数登台，分别将写有自己对深圳未来三十年寄语的“梦想信封”也放入“梦想舱”，成为深圳当年的热门话题与谈资。

位于蔡屋围金融中心的京基 100 大厦共 100 层，取代地王大厦成为深圳第一高楼，也是当年世界第八高楼。

这座大楼钢材用量高达 6 万吨，将所有的焊缝连接起来，累计长度可以绕地球赤道 4 周。

大楼底部商业广场逾 8 万平方米，汇聚国际一线品牌的购物中心、独具风味的特色餐饮和国际风情酒吧街。第 6～72 层为可容纳 3 万多人同时办公的无柱空间。第 75～100 层为世界顶级豪华酒店 —— 瑞吉酒店。

直到今天，京基 100 大厦依然保持深圳第二高楼的纪录，依然是这座城市的重要地标。

2012 关键词 水货客

罗湖口岸

罗湖海关的前身是清朝政府设立的香港九龙海关，算起来有一百多年历史。搬到深圳罗湖村是 1949 年。

一间简陋的木板房，门框钉块广东省公安厅边防局深圳检查站的牌子，这就是罗湖口岸了。四周都是农田，窄窄的深圳河从一旁流过。

小木屋的不远处，便是不足 50 米长的罗湖桥，由粗木搭成，桥上铺设铁轨，从广州往返香港红磡的火车由此经过。当年，桥面正中间用“铁马”隔开，两头分别由中英军警把守。过关的旅客都要走过这座木桥，接受搜身检查。许多老照片记录了当年情形。

1962 年，罗湖口岸兴建了一栋砖木结构的出入境检查楼。那时候，内地物资匮乏，港客回乡携带的多是面粉、大米、衣料，甚至还有晒干了的饭团和煮好的红烧肉。海关对物品的监管特别严格，规定每人只能带衬衫 8 件、大衣和毛衣 2～3 件、内衣裤 10 件。通常能看到很多旅客一条套一条，穿着十几条裤子进关。

1979 年，深圳建市，出入境检查楼常常人满为患。大厅摆满木桌，边检战士坐在木桌边对出入境人员逐个检查询问，每验放一名旅客，就要在出入境文件上盖章。钢印章敲在木桌上，大厅里充斥着此起彼伏的盖章声，“像放鞭炮一样”。

1986年，一座中式建筑拔地而起，建成现在依然在使用的罗湖口岸，并且成为深圳地标。

90年代之后，罗湖口岸几乎天天拥挤如春运。有时候，队伍从大厅排到广场，通关要等几个小时。有些当天无法过关的旅客，会拎着大包小包在罗湖口岸大楼门口的广场上席地而睡。

随着出入境人员的激增，深圳先后增开了多个通关口岸，其中皇岗口岸实行24小时人货通关。加上先进设备的运用，正常情况下，旅客出入境仅需10分钟，货运出入境仅需15分钟左右。

2000年后，罗湖口岸日均进出境20多万人次，单日人次最高纪录达39.8万，相当于一个中等城市的人口每天从这里迁移。

这只是罗湖口岸的纪录。2019年，深圳边检总站共查验出入境人员2.42亿人次，大约相当于澳大利亚全国人口的10倍。

水货客

至少有三种灰色产业几乎伴随一代人的生活，却永远无法进入正史，也无从知晓其中内幕。一是办假证，从繁华都市到偏远乡镇，每一根电线杆，每一条居民楼道都有熟悉的广告。一部美国大片在中国取景，播出后，细心的观众发现镜头里马路边还有未处理干净的“办证”字样。无法想象这个产业造就了多少隐形富豪。还有就是钱庄、水货客，也是持续繁荣了数十年的两个产业。

深圳建立经济特区初期引进外资，到 20 世纪 90 年代初期，“三来一补”企业达到数万家之多。大批原材料进来，成品出去，海关货运量暴增。一名海关老员工回忆，那时每天填写报关资料，常常写到手酸乏力，最多的一天填了 3000 多份报关单，装满了十几个竹筐。

大批香港企业转移到内地，低效的物流跟不上快节奏的生意。一些小零件走报关程序通常容易贻误商机，再加上内地和香港的货物差价，往返深港两地的水货客便多了起来。

有海关，有差价，就有水货客。民国时期，深港水货客主要携带西药、香烟进内地，带往香港的则是农副产品。20 世纪 60 年代，有旅客穿十多条裤子入关，算得上是“合法的”水货客。

40 多年来，具体有多少人从事水货客这一行业，无法准确统计。有缉私人员说，香港自由行开放前，水货客以香港人为主，之后内地水货客就逐渐变得多起来。深港日均数十万人通关，水货客在队伍中犹疑不前，常常造成海关阻塞。很多伤残人士也参与其中，利用轮椅夹带贵重物品，往返两地。水货客分有杂货帮、电子帮、贵货帮三类，风险不同，收入有别。香港上水站、罗湖商业城是两地水货主要集散地。

现代物流

20 世纪 90 年代初，二十来岁的香港青年王卫随工厂内迁，到顺德做起了印染。

由于客户需要确认样品，而报关、邮寄等一系列程序费时，往往影响订单成交，有时王卫会找到以私人夹带的方式帮人捎货的水货客。而他自己每次回香港，也都有朋友找来，请求帮忙捎东西。样品、零件、快信、日常用品，无所不有，有时甚至东西多到拖箱装不下。他敏感地察觉到，这是一笔大生意。于是，他果断离开了印染行业，准备进入快递行业。他找父亲借了十万，在顺德成立了一个叫顺丰的公司，注册时间是 1993 年 3 月 26 日。

同时，他到香港砵兰街租了几十平方米的店面，雇了几个员工，开始了运送业务。

邮局朝九晚五的“大锅饭”工作模式，根本不能适应珠三角蓬勃发展的经济形势。顺丰的业务很快延伸到广东各地。几年时间，往返港深公路上的快件货运车，大部分都是王卫控制的业务。

当时国内快件业务由国有企业垄断，只准邮政系统经营。王卫只做不说，邮政找上门来，就主动上交罚款。到 2008 年，国家放开快件业务时，顺丰宣布购买飞机，成为国内第一家拥有飞机的民营快递企业。

王卫亲自带过货，对一线快递员有特殊感情。当了大老板，还经常到一线分发快递。

2016 年 4 月 17 日，北京市东城区富贵园一区内，一名骑三轮车送货的顺丰快递员在派送过程中与一辆黑色京 B 牌照小轿车发生轻微碰撞。轿车车主下车后连抽快递员耳光，并且辱骂快递员。旁边有人劝说，车主仍然不停手。一向低调的王卫发飙：“我王卫向着所有的朋友声明：如果这事我不追究到底，我不配再做顺丰总裁！”

2017 年 2 月 24 日，顺丰股票上市。盛大的典礼仪式上，和王卫一起敲钟的，就有那位挨打的快递小哥。

王卫行事极为低调。顺丰总部设立在深圳，一位市委领导去邮电部开会，才发现深圳还隐藏着一个全球有十多万员工的百亿级公司。

供应链

曾在硅谷做软件工程师的美国人斯科蒂·艾伦，到深圳时，被华强北琳琅满目的手机配件惊呆了。在华强北店家的指点下，他用约 300 美元购齐了所有配件，装配出一台 iPhone 6S。他把装配过程发到网上，当天获得 200 多万次点击量。在接受采访时，他谈了一个感想：在硅谷，找软件工程师十分容易，找一个熟悉硬件的人却非常难。深圳一个商场，从楼上到楼下，就能买到一部手机需要的任何配件，而每个摊位小店主，对手机零件的熟悉，不亚于任何一位优秀的硬件工程师。世界上找不到第二个地方，有如此完善的电子产品供应链。

2007 年，深圳怡亚通上市，这是中国进入现代物流时代的一个重要标志。深圳成了供应链企业的摇篮。十年之后，光是前海蛇口片区，就有供应链企业 3347 家，营收接近千亿元。这些企业的前身，大都是做报关，做运输，做仓储的，当然还包括做带货业务的私人小公司。

2018 年经深圳口岸进出的贸易量达 6.78 万亿元，占全国进出口货值近四分之一；海关监管货运量 8.5 亿吨，日均 2000 余万吨；监管运输工具 1478.7 万辆（艘节架）次，日均 4 万辆（艘节架）次；监管进出境旅客 2.5 亿人次，日均 66 万人次，均居全国第一。

此外，当年深圳海关监管快件超过 1 亿件，日均 28 万件；邮递物品 1235.8 万件，日均 3.4 万件；审核报关单 1301.5 万份，日均 3.6 万份，均居全国第二。

2013 关键词 创客

“珠峰号”[1]

西藏绒布寺——全球海拔最高的寺庙，距离珠峰北坡的直线距离仅有 20 公里。2009 年 6 月，珠峰地区的雨季即将到来，一群来自香港科技大学和哈尔滨工业大学的师生来到这里的一片户外空地，在晨曦中开启了紧张的忙碌。

他们将一组旋翼系统组装在一架长约 1.6 米的黑色机身上，整个旋翼展开达到 2 米，经过了完备的起飞前测试之后，大家退到安全距离外，微喘地等待着。飞手缓缓地推动起飞舵，旋翼撕裂空气的巨大噪声并没有因为高原的稀薄空气而减弱，地面上碎小的沙石纷纷落荒而逃。

这是飞手生平打过的最大的起飞舵量，当这架黑色的无人直升机逐渐从地面升空时，人群中响起了汉语和藏语相融的欢呼声。

起飞海拔 5000 米，这是人类历史上第一次采用空中机器人对珠峰地区进行飞行测试和航拍实验。这架被命名为“珠峰号”的无人直升机，搭载了大疆 XP3.1 自动控制系统，可以进行控制半径约 1 公里的半自动遥控飞行，也可以进行控制范围达 10 公里的导航点全自主飞行。

当天傍晚，港深无人直升机研究小组的一名身着绿色冲锋衣的男青年眺望着北坡，他看见夕阳点缀在世界之巅，映得通红。

1.参见金博：《大疆简史》，香港财华社“港股解码”专栏。

这名男青年叫汪滔，是一名香港科技大学的研究生，也是大疆创新的创始人。

据统计，攀登珠峰死亡的概率约是3%，一家初创公司5年内死亡的概率是80%。创建一家民营企业并让它活过5年，是比登上珠峰更为艰险的挑战。

大疆从2006年创办至2009年期间，产品主要聚焦在直升机飞控上，装在“珠峰号”上的XP3.1飞控首次帮助大疆实现了盈亏平衡。

云台[1]

1.参见林军：《无人机江湖和汪滔的前半生》，新浪科技报道。

云台是相机的平衡稳定器，拍一张好照片，离不开云台，专业摄影就更不用说了。

无人机搭载相机飞在天上，如果没有云台，抖动的发动机会让照片拍成什么样子？

2012年1月，德国纽伦堡举行Toy Fair展会。就在这个会上，大疆展示了他们研发的新产品禅思Z15云台。在众多与会观众的见证下，挂着禅思云台和GoPro相机的无人机现场演示航拍，飞机稳稳旋停在空中的场景，引发了轰动。这是世界首款为专业影视摄影、广告航拍而定制的云台系统，在人类航拍史上具有里程碑意义。即使飞行器处于高速飞行状态中，仍能精准地控制摄影摄像设备保持稳定，使画面输出达到最佳的效果。禅思Z15一夜爆红，2000美金起价的产品一下子有上万的订单，2012年，靠着禅思Z15一种产品，大疆的收入就过亿元。

精灵1

2013年1月，大疆正式推出消费级多旋翼无人机精灵1，一下惊艳了全世界航拍爱好者。

无可挑剔的外观让人爱不释手，机身精致小巧，出门时，可以轻松塞进背包。对于航拍者来说，这可是搔到了痒处——户外拍摄最为难的是携带设备。

整体解决方案的设计称得上是无人机航拍史上的一次革命。之前玩无人机航拍，用户需要单买一个机架，再买一个飞控、一个云台，然后进行复杂的组装调试。没有足够的专业知识，就会被这一道高高的技术门槛挡在门外。精灵1在出厂前已经设置并调试所有的飞行参数及功能，免安装、免调试，操作简单，可以实现即刻飞行。无人机航拍的大门一下打开了，陡然之间，大批跃跃欲试的爱好者涌了进来。

当年，大疆销售收入为8.2亿元。2014年销售额达到30.7亿元；2015—2017年，大疆营收分别达59.8亿元、97.8亿元、175.7亿元，增速维持在60%以上。

牛人之战

有个牛人叫克里斯·安德森。

60后，学霸。读了物理专业，又读新闻专业，还不够，继续读量子力学专业。2001年进入《连线》担任主编。《连线》多次获得“美国国家杂志奖”的提名，2005年获得“卓越杂志奖”金奖。

2007 年，安德森被《时代》杂志评选为年度百位思想家之一。先后有《长尾理论》《免费：商业的未来》和《创客：新工业革命》三部著作问世，常驻畅销书排行榜。他被誉为数字时代的精神领袖。

凭借多年对科技、经济和互联网的认识，安德森坚信无人机在将来会有很大的商业用途，在 2009 年创办 3D Robotics 公司。

这就和汪滔狭路相逢了。

汪滔也牛，也讲过很牛气的话。“这个世界太笨了，笨得不可思议。工作以后发现，不靠谱的人和事太多了，这个社会原来是这么愚蠢，包括很多很出名的人。

“我常常在想，皇帝穿着所谓最美的新衣游街，却只有孩子敢指出真相。而现在的社会有那么多的问题，却连敢大声指责的孩子都没有了。几十年间，我们的经济发展取得了显著成就，然而我们却鲜有能够打动世界的科技产品、文学及艺术作品，缺少文化价值观的输出，只能对舶来文化趋之若鹜。”

当然，真正牛的是，汪滔推出首款精灵无人机，惊艳了同行。

2015 年 4 月，3D Robotics 在拉斯维加斯首次推出 Solo 无人机，和精灵无人机截然相反的是，Solo 无人机摆脱白色，完全采用全黑色机身的设计，媒体评价“这可能是有史以来最聪明的无人机”。

汪滔和安德森会面，表示愿意买断 3D Robotics 公司，被安德森拒绝。

汪滔推出精灵 3，与 Solo 展开决斗，最终一招制敌。

大疆无人机在圣诞节大打折扣，1000美元的定价甚至比Solo的成本价还要低。

安德森认输了，说了一段意味深长的话："我们是家硅谷公司，做软件是我们的传统，至于硬件制造，还是留给中国人吧。"

美国硬件创业团队扎卡利·克洛基博士有更深的解读，"在深圳，你能在不超过一公里范围内找到一个创意所需要的任何材料，一周时间，就可能开始小批量生产。"而生产成本之低，是任何一个地方都无法做到的。

无人机的关键部件，如锂电池、陀螺仪、GPS模块等传感设备与智能手机有相似的应用，而机身的碳纤维材料，不过是羽毛球拍、渔竿材料的升级。

华强北——一条街道的传奇（下）

1. 辉煌与衰落

2013年，地铁7号线施工，华强北部分路段封闭。周边的商铺也日渐冷清起来。往日商场开业，人潮涌入的景象暂成回忆，埋头玩手机的柜台小哥偶尔抬起头来，能透过窗户看见施工围栏上停候的小鸟。赛格广场一楼800多个铺位，已经空了一半，楼上几乎全空了。最繁荣时，寸土寸金的华强北有61家银行入驻，现在好多家已先后撤离了。

2017年，比特币暴涨，华强北迅速成为全球"挖矿机"最大的集散地。仅仅一年多时间，比特币暴跌，"挖矿机"价格一落千丈，众多商户血本无归。

人们曾对改造升级后的华强北地下商业街有过莫大的期待。

全长一公里的华强北地下商业街号称全国最长的地铁商业街。串联4条地铁线，多达42个出入口，日均客流量可达80万人次，铺位招商率高达百分之百。

开业，生意清淡，大多商店不得不先后关门。

华强北的冷落，昭示着传统电子市场的凋零。设立在华强北商业街的LED大屏幕依然显示着“华强北指数”，仿佛是在回忆曾经的繁华。有一篇文章写道：

明通数码城率先走出第一步，转型成为“明通化妆品市场”，华联发和紫荆城紧随其后，相继发布新的招商方案，只有零星未清理的手机户外广告，提醒着这里的过去。

…………

如今，在这些过去主要组装销售“山寨机”的商场里形成了一条诡异的分界，做化妆品生意的这边人头攒动，手机配件档口却鲜有人问津。

…………

夜幕降临，闪烁的霓虹灯忽明忽暗，这条崭新街道上摆放着的“中国电子第一街”的招牌，在突如其来的大雨冲刷下，渐渐难辨面目。

2. 华强北“鬼市”

有资料说，“鬼市”起源于北京琉璃厂。晚清政局动荡，一些破落子弟变卖古董，碍于脸面，选择夜间交易。加之古董还有一个不便见人的来路，于是夜间交易的“鬼市”便兴盛起来。

"鬼市"自古有一个不成文的规矩：不言真假，不问来路，不包退货。

仿佛是对昔日繁华的一种追忆，华强北也渐渐形成了一个"鬼市"，卖的不是古董，而是电子产品。

每天午夜来临，整座城市开始进入梦乡，华强北的爱华路却热闹起来。人们提着大包小包，抢占有利位置，摆个纸箱或泡沫箱，铺块塑料布，就建起了各自的摊位。来淘货的人络绎不绝，"鬼市"价格实在便宜，两三块钱就能买到一条数据线，一副耳机或是一个插座。它更大的魅力在于，你永远也无法预料，你能在这里淘到什么奇葩的电子古董：一部"大哥大"，或一台几十年前的矿石收音机。这里有一批经常光顾的常客，他们手握一个小手电，反复查验看中的货物，总能淘到满意的产品。还有一些组装高手，从这里淘零件自装手机、平板、各种电器。这里的零件比在正规商家购买至少便宜一半。

每近天亮时分，"鬼市"悄然散去。新的一天开始，好像这里什么也不曾发生。

3. 创客，新工业革命的预期

2017 年，经过 4 年封街，拥有 4 条地铁线路的华强北以全新面貌示人。福田区政府印发《华强北创新发展行动计划（2017—2019 年）》，计划三年内投入 10 亿元打造国际一流创新创业街区。华强北国际创客中心与腾讯创业基地、福田投资、前海国际资本管理学院、深圳湾等孵化器机构共同组成深圳创客联盟，华强与腾讯宣布分别投入 100 亿元资源，声称要在未来三年内，打造出 100 家市值过亿的新型创业公司。而赛格大厦也用三层楼建立了创客社区。

全球著名硬件孵化器公司 HAX 的办公室就在华强北，走到楼下，创客们就能买到各种元器件，价格是国外的三分之一。HAX 的创始人希瑞尔说，在深圳，从采购元器件、生产到品牌设计只需要几天时间，而在北美至少需要几个月。

HAX 每年定期面向全球招募和选拔创客团队，一旦做出了产品原型，希瑞尔就会带着创客们回到洛杉矶 HAX 的总部，面见投资者，让创客的想法变成现实。

随后，Fab Lab（Fabrication Laboratory）落户深圳，并且授权与深圳开放创新实验室联合研发 Fab Lab2.0。

Fab Lab 是美国麻省理工学院比特与原子研究中心创建的微观装配实验室，一个更高端的创客中心。深圳有庞大的制造业产业链，麻省理工有技术，但是那儿没有制造材料，连 PC 基板都没有。深圳完整而低廉的供应链，让创客失败的成本降低了。

一旦开启 Fab Lab2.0 时代，创客只需要将创意图片化，软件会自动解读成需要的代码。最具有颠覆性的是，它会“生产出制造机器的机器”。比如你想做一支笔，你可以在这儿把做笔的机器先做出来。

2014 年，深圳有 100 多个创客空间，是在政府各种利好政策的刺激下，根据《深圳市促进创客发展三年行动计划（2015—2017 年）》，到 2017 年底，全市创客空间数量达到 200 个。

我们正处在一个时间的节点。这个节点之前，是互联网、移动通信飞速发展的时代；而这个节点之后，将迎来物联网的辉煌。一个新时代到来的标志，通常不是原理与技术本身，而是原理与技术的实际应用。

创客会不会带来一场新的工业革命？这是一个期待。

华强北随着一个时代登上舞台，也将随着一个时代的渐行渐远鞠躬谢幕。它伴随新的时代再次闪亮登台，那将是一个美好的期待。

未来之页

Page of the future

2014—2023 热门词 大湾区之梦

一个楼盘的深圳故事

2019 年 10 月 30 日，位于深圳福田中心区香蜜湖的深业中城开盘。普通住宅、公寓均价高达 13 万多元每平方米，每套总价在 1509 万元到 7788 万元之间，而产权仅仅 40 年，交房时间则要到 2020 年底。

买房的顾客太多了，售楼方决定实行摇号，还设了一道很高的门槛：参加摇号者必须预先交纳 500 万元“诚意金”。

结果，有 2794 个富豪参与抢购，交纳“诚意金”将近 140 亿元。

这在深圳不算什么。另一个楼盘，深圳湾一号，每平方米的均价是 20 万元。看房需提供 5000 万元资产证明，其中一套房的价格是 3.4 亿元。

据 2018 年胡润财富报告显示，深圳资产超过 1000 万元的家庭有 7.6 万个。按照胡润的统计标准，这里指的是除自有住房以外的财产。也就是说，在深圳，大约每 170 人中就有一个真正的千万富豪。全球身家超过 40 亿元的富人中，香港占据了 68 席，澳门 3 席，而深圳有 70 席。

2019 年中国胡润百富榜中，粤港澳大湾区上榜的企业家多达 425 名。其中，深圳最多，达 191 名，香港 53 名。马化腾居首，拥有财富 2600 亿元。

2018年，还有一个重要的数据，深圳市的生产总值为2.422万亿元，香港则约为2.4万亿元——经过几十年的高速发展，深圳的生产总值实现了对香港的反超。

当然，人均生产总值、地方生产总值应该是更重要的指标，但是，要知道，1979年深圳建市，第一年生产总值仅1.96亿元人民币，而香港同年生产总值为225.3亿美元。

从1.96亿到2.422万亿，这之间的差距是惊人的1万多倍。显然，这不再是一个数据，而是一个故事，一座城市40年高速变迁的故事。

“深圳抛弃论”十二周年纪

2002年，一篇题为《深圳，你被谁抛弃？》的网络文章引发全国上下关注。12年后，一篇经济评论《深圳抛弃论十二周年纪：再过十年北上广将不敌深圳》再次引发热议。

文章说，2005年深圳生产总值接近5000亿元，2010年突破万亿，2013年则超1.45万亿元，增长速度高出所有城市。

这个显赫的成绩很大程度上得益于民众，这种内在的活力，才是深圳已经胜出，并且将最终胜出的根本原因。

北京拥有国字头金融实体；上海的经济总量也远超深圳，但依赖的是国企和大型外企，本地品牌不是很多；而深圳，极具创新能力的民企高达90%以上，走出了华为、中兴、腾讯、万科、大疆、比亚迪等国际知名企业。

民企的创新需求必然带来文化产业的发展。深圳迅速从所谓的“文化沙漠”孕育出动漫、游戏、演艺、旅游等行业的大型企业，有自己的文博会，还有国内最大的书城以及伴随而来的自觉读者群。

深圳是中国科技之都，基因、电子、通信、材料、航天等前沿领域，从研发到制造都能在这里迅速实现。

因此文章的结论是：未来 10 年，深圳将一骑绝尘超越北上广，领跑中国城市。

作者的观点不被广泛认同，而国际知名经济学家张五常的结论更为惊人。

2019 年 4 月 20 日，“大湾区与深圳的未来”高峰论坛，张五常发表题为《深圳是个现象吗？》的演讲。他说：

我有机会带几位来自西方的朋友到深圳南山的海旁一行，直截了当地对他们说：“记着我说的吧。你们这一刹那站着的土地，就是这一点，分寸不差，有朝一日会成为整个地球的经济中心。”夸张吗？那当然。将会灵光吗？这类推断老人家很少错。

30 年前我推断上海的经济将会超越香港，今天我推断深圳一带将会超越上海。困难重重，沙石多，但假以时日，我应该对。

这推断其实不难。国际经济发展的中心历来要靠一个湾区，举世皆然也。大家今天朗朗上口的粤港澳当然也是一个湾区，只是奇怪地“深”字不在其内。无可置疑，名字打不进“粤港澳”的深圳将会是这湾区的龙头。

科技园一日

对深圳经济总量贡献最大的，竟然不是拥有华为、富士康的龙岗、龙华，也不是拥有华强北的福田，而是拥有科技园的南山。

全世界没有一座城市有深圳这么多摩天大楼，在深圳，超过200米的高楼多达130多座。科技园便是高楼最为密集的区域之一。

科技园里的每一栋楼房，都在书写有关财富的传奇。

1. 清晨

有太多网友吐槽，在南山科技园，最难的不是上班，而是上班下班的路上。

南山科技园有几个地铁站：深大、科苑、高新园。每到上班下班，这里就变成全深圳最拥堵的地方，没有之一。这里天天都在经历可怕的“中国式的春运”。

对于科技园人，第一道考验是用灵魂挤上地铁，当车门打开的刹那，没有淑女、没有绅士，哪怕被挤得面目扭曲、头发散乱，也要拼命挤上车！当然，有时是被后面的人推上去！

上了地铁后，是无处安放的肉体！人与人之间的距离是0.0001mm，如果前后左右都站着比你高的人，那真的会被挤到不能呼吸。

…………

走出地铁站的那一刻，科技园人的一天正式开始了。这里就像一个高速运转的机器，督促我们快一点，再快一点……

于是，科技园人的一天是从狂奔开始的，从地铁站到公司的奔跑！快走、共享单车、抄小路……每个人都练就了一个秘诀。

穿越人海出站只是第一步，接下来科技园人还要面临“早餐战役”……除了打包，能够坐下享受热乎乎早饭的人，绝对是南山科技园的王者。他们牺牲了早上20分钟的睡眠时间去换取享受早餐的时间，若是在享受美味同时还能保住全勤的，绝对是站在科技园顶层的人。

买完早餐，科技园人还要来波“等电梯考验”！当你使出吃奶的劲，赶在最后一秒打上卡，一天战役的上半场总算结束。

2. 白天

科技园人头攒动的上班人潮中，全是年轻的面孔，几乎看不见40岁以上的中年人。这里汇聚了中国最密集的“IT男”“码农”，格子衬衫、电脑包几乎成了他们的标配，连来自印度、欧美的洋程序员也不例外，区别仅仅是肤色不同。偶尔碰上西装革履、头发打有摩丝、手提电脑包的帅气青年，不会有错，他们正赶赴一场新工作的面试。

9点一过，科技园的各条道路一下结束了喧哗与繁忙，安静下来。只有这时候，你才发现，匆匆奔向各自办公大楼的人群忽略了路边的美丽。几乎每一个季节都有鲜花开放，夏天的龙船花、扶桑花，冬天的紫荆花，而深圳的三角梅则开得不问时令。抬起头，高楼的缝隙中偶尔会飘过云彩。

“码农”大军进入各栋高楼，开始埋头写代码。“码农”是他们的谦称，谁都知道，他们薪资优渥，一不小心，就成了这座城市财富传奇的书写者之一。国内许多知名的游戏软件就产自这里，这当然只是科技园IT业的一条小小支流。

外卖小哥总是在午餐时分大展拳脚，他们熟练地穿行在各栋楼宇之间。不过很多大楼是有员工食堂的，腾讯大厦，这个被戏称为“鹅厂”的地方，员工餐厅就有整整4层，此外，37～38楼还另辟有高层景观餐厅。

科技园汇集了中兴、大疆、比亚迪等一百多家大型企业的总部，除了餐厅，大厦内还有员工休息区及各种运动场馆。

床垫文化不是华为独有的，科技园几乎每个“码农”办公桌下都备有折叠卧具，午休时间一到，办公室窗帘拉黑，四处鼾声大作。

下班意味着又一次挤车旅程的开始，很多人在犹疑中选择加班。

加不完的班，熬不完的夜，挤不完的地铁，几年时光，有的换了工作，有的当了高管，有的开了公司。人生不同，沧桑相似，眼眶黑了，头发少了，体重加了，肚子大了。

3. 夜晚

如果从高空俯瞰科技园的夜晚，那会是何等惊艳。闪烁的霓虹灯，变幻的色彩，如梦的高楼剪影。

夜幕降临，华灯初上，白天的繁忙刚刚过去，夜里的生活却才刚刚开始。下班了，科技园办公楼下人少了，科技园商品楼中人多了。到处是衣香鬓影，人头攒动。有的“码农”“IT男”改换了那一身标配，拖鞋，短裤，圆领衫，彻底放下了身段。人们相约品一杯咖啡，来一顿大餐，附近的万象天地国际餐饮街24小时不打烊。

有人留在大楼健身，有人到公园夜跑。尽管高峰时刻早已过去，地铁站也永远不缺候车的乘客，直到凌晨最后一班车驶过。

这里没有哪栋写字楼的灯光会因夜晚到来而熄灭。无数“码农”还坚守在灯光下写代码。无论凌晨几点，每栋楼下都有外卖小哥奔忙的身影。

有个“码农”这样说，我见过凌晨一点、二点、三点的深圳。一生最唯美的情话是：“谈恋爱吗？我带你看深圳凌晨四点的美丽夜景。”

4. 离科技园不算太远

科技园是深圳的一个缩影，却远不是深圳的全部。就像所谓富豪榜只是人类生活一个光鲜的侧面，而远不是人类生活的所有沧桑。

离科技园不过十来公里的龙华，有一个叫三和人才市场的地方。因为一部日本纪录片的播放，这里一个被称为“三和大神”的群体通过网络为人所知。

每天早上 6 点，天才蒙蒙亮，三和人才市场大楼前，就黑压压坐满了等待招工的人。这些人中，很多人没学历、没技术、没固定住所，甚至连身份证都没有。他们进不了富士康这类正规大厂，只能找一日一结的零工。旁边的街上挂着一条醒目的横幅，上面写着“卖出一张身份证，买入一条不归路”。但他们的身份证早已卖掉了，价格 80～100 元，那是他们身上最后的硬通货，卖掉能支付几天生活的最低开销。

找到工作，干一天混三天，没找到工作的就干脆去网吧上网，等待第二天的招工。

“三和大神”喜欢到人才市场后面的巷子里吃饭。一排棚屋，自选快餐，6 块钱就有两荤一素。双丰面馆 4 块钱一碗的面，几片菜叶，一勺辣椒油，有没有肉全靠运气，管饱。阔绰的“三和大神”这样的伙食一天能吃两餐，有人一天日子就靠一顿饭打发了。

饭可以少吃，但网吧必须多去，网吧才是忘却现实的时光通道。在虚拟世界里，你就是排行榜里的富豪，谁还管南山科技园的房价是不是 10 万、20 万一平方米？通通买下。

一篇网文介绍，“三和遍布了全世界最便宜的网吧，几十台机子，一台大风扇，桌子和键盘都布满了烟灰，却仍然人满为患。绝大部分网吧都没有名字，只挂着网络出租屋的牌子，1.5 元一个小时，8 元钱就能包夜。上网才是‘三和大神’最不能背弃的初心”。

在三和，睡在路边的人随处可见，海信大楼门口尤其多，因此被三和人戏称为“海信大酒店”。

2017 年，龙华区开始了对“三和大神”聚集的景乐新村进行整治。据附近的居民反映，整治开始以后，很少再看到“三和大神”的身影了，也还是会有人进出网吧，但再也没见到有人睡在街道上。

2020 年，为了帮助和安置露宿者，龙华街道办又设立了救助站，除了免费提供食宿，还会为救助站里的人提供工作机会等。高峰时期，两所救助站曾收留了上千人。

而不少楼栋已被一些企业租下，改造成了长租公寓。租金自然上涨了，单间房最低租金也要 900 元左右。

全球化的浪潮滚滚，无人身处洪流之外，只是，有的在浪尖，有的在浪底。

历史之车，标注有“成功”字样的车票从来都是限量发行，大批候车的乘客其实都是看客，只能看着列车渐渐远去。

生命是什么？人人趋之若鹜的共同价值是不是令人生疑？

最基本的真相是，人类历经上万年进化，创造了眼花缭乱的财富，却从来没有因进化而增添快乐、减少悲伤。就人类整体而言，财富带来的，只是快乐的形态，从来不影响快乐的多少。哀伤和快乐也许就是生命的主题，与财富的多少无关。

可以肯定，原始人也曾大笑与哭泣。

国家基因库

1. 基因库

大鹏新区位于深圳东南部，三面环海，树木葱茂，与香港新界遥遥相望，被称为深圳最后的“桃花源”。

大鹏新区“禾塘仔”观音山下，有一片神奇的建筑，面积宽达数万平方米，依山而建，形如一片哈尼梯田，混凝土本色与垂直绿化结合的生态外墙，层层梯田般可供种植的屋顶，构成独特的生态建筑。这就是著名的国家基因库，也是全世界最大的基因库。

建筑设计的灵感，源于2002年4月5日《科学》杂志的封面。这一期杂志用14页的篇幅发表了华大基因《水稻（籼稻）基因组的工作框架序列图》，封面正是秀美的云南红河哈尼梯田，《科学》是美国科学促进会出版的一份学术期刊，为全世界最权威的学术刊物之一。它刊登了全球首次破译水稻基因组的成果，具有里程碑式的意义。

国家基因库存放有生物样本资源、生物信息数据，以及动植物资源活体。以生物资源的存、读、写能力为基础，实现样本、数据、活体全贯穿。基因是万物生存发展之源，只有将基因资源存储起来，才可以保持物种永远繁衍生息，感知生命的奥秘。

2016年9月22日，国家基因库正式启用，实现对基因信息数据总量达60PB的访问支持。正式运营当天，有5PB的数据正式对外发布，提供数据检索和查询功能。

2. 猛犸象

进入国家基因库大厅，首先映入眼帘的是一个巨大的猛犸象雕塑。

猛犸象曾经是地球陆地生存过的最大的哺乳动物之一，体重可达12吨。距今约1万多年前，猛犸象灭绝，这被视作冰川时代结束的一个标志。

2013年，人们在西伯利亚冰层里发现了保存完整的猛犸幼象尸体，并通过幼象的毛发，获得了猛犸象完整的细胞核。

有媒体报道，中国科学家通过这些细胞核已经恢复了猛犸象细胞的全功能，形成了胚胎细胞。这就预示一个惊人的神话可能变为现实，只要找到合适的代孕体，已消逝1万多年的猛犸象将“重回”地球。

3. 生命的话题

华大基因股份有限公司CEO尹烨曾在梁冬主持的《觉者》访谈节目中谈及一系列关于生命的话题。

• 人和一块石头的区别

在我们去看很远处的宇宙星空的时候，你会觉得很有亲切感，你会觉得那儿有你遥远的故乡。太对了，因为我们的元素是一样的，碳氢氧氮磷硫。你如果一百斤的话，大概也就是60斤的氧，20斤的碳，10斤的氢，3斤的氮，还有其他杂七杂八，没了。一堆元素，按照一定方式的组合就变成了你。好像你就变得很牛了，把你拆散的时候你还是尘归尘，土归土。如果不让你产生裂变或聚变的话，你就是那堆元素，只是以什么方式去组合。

我们跟一块石头，我们跟远方的那颗星星，从化学本质上来讲是一致的。无机和有机，在元素上其实是统一的。

所以，无机和有机的界限，现在已经可以通过编辑生命的密码去打破，在我理解之中，也没有什么所谓的一些意识是不可以被制造或者被创造出来。

• 没有任何外界刺激的条件下，让你性高潮

我们今天的技术可以很轻松地在你没有任何外界刺激的条件下让你性高潮。这是很容易做到的，我只要调整你的脑电波就可以。在你非常悲哀的时候，我也可以给你加点东西，你就会高兴。不然我们的抗抑郁药怎么出来？所以，从这个意义上来看的话，意识是有物质基础的。

有些证据比如说，“9·11”发生的时候，那栋楼塌了，很多孕妇看见了这一幕，她们生出的孩子得抑郁症的概率，要高于正常的孩子。Why？为什么？你觉得你忘了，DNA记住了。

从来没有见过猫的老鼠，第一次看见猫会害怕，为什么？因为这些东西被写在了DNA里。有一些天然的事情，我们今天虽然没有明确的证据，但至少可以通过一些心理学实验、行为学实验，来证明它是有关联的。也就是说，我们所谓的这些意识，它在遗传的密码和物质上，或有一些映射在里面。

● 接吻惊天动地

如果接吻十秒，就会交换8000万个细菌。明白夫妻相是怎么产生的吗？菌群开始趋于一致了。

● 谁敢说人是地球之王？微生物才是

细菌来到地球34亿年，我们不过700万年。你浑身都长满了菌，所有的地方，包括你的眼睛，只是你看不见。

历史上许多无法解释的事情，鬼狐仙怪、瘴气、瘟疫、恶魔，都是微生物。列文虎克发明了显微镜，慢慢把这个东西带入科学范畴内，后来到了科赫、巴斯德，大家开始明白这是感染源。1929年的时候做出了抗生素，我们跟微生物的战斗，自以为赢了，打了大概一百年之后，才发现，现在全都是耐药的东西，就意识到最后你是干不掉它的，它肯定能把你干掉。

一个100斤的人，肚子里大概有2～3公斤细菌……细菌在我们的肠道中是以群落的方式存活着。细菌又很无私，比如说有一个细菌产生了耐药性，它会把这个耐药基因“发快递”，我们叫以指令的方式分给其他细菌。很快，其他跟它不是一家的细菌也都收到了，装进自己的基因组里，这些细菌就都耐药了。所以从全球的角度来看，细菌是一个以星球方式运行的整体。

谁敢说人类是地球之王？微生物才是地球之王。

在今天看来，所谓你被感染了或者菌群失调了，身体不适，是因为你与微生物的谈判破裂了。

新生

1月，北方正值隆冬。深圳例属避寒之地，暖如春日。2016年1月，依农历，尚为乙未。22日，南方气温骤降。23

日，深圳时有小雨，寒风割面。24 日一大早，市民发现，当日气象预报 9 至 10 点间两个小时，竟是雪花标志，一时引爆网络。随后，网友贴出图片，说是东莞往深圳的公路上，雪花薄薄地铺在车顶。

这一天，气象台测得深圳市区最低气温为创纪录的 1.7 摄氏度，而海拔 900 多米的梧桐山顶，气温已至零下 3.8 摄氏度，山头一白，银装素裹。

时逢周末，市民纷纷前往梧桐山顶观景，甚至有人带了帐篷，只为一睹百年不遇的奇观。

市气象台发布消息称，由于气温低、风大，再加上近几天来山顶始终笼罩在雨雾中，梧桐山顶的茅草、树枝乃至自动气象站都冻上了一层冰壳。不过这并不是雪，是“凝冻”现象。这种现象在南方山区冬季较常见，在深圳则比较罕见。

这样的时刻，没有人突发奇想，登上京基 100 顶层，从 441 米的高空一睹这座城市。在那样高的空中，气温一定到了零下。

离京基 100 不远的平安国际金融中心在这一年成功封顶，592.5 米的高度，取代京基 100 成为深圳的第一高楼。

平安保险是蛇口精神留下的一颗种子，而这栋大厦，是一个传奇的深圳故事，是这座城市新的象征。

一周之后的 2016 年 1 月 31 日，一位老人在蛇口住宅平静去世。这位老人便是袁庚，享年 99 岁。

盐田大梅沙，有一栋“躺着的摩天大楼”，那就是建筑面积 8 万多平方米的万科中心，这是被国际顶级专家公认的代表世界最前沿设计理念的建筑。令人耳目一新的细节应接不暇，它太前卫了，前卫得还没被众多市民认知。

万科总部就在这栋楼里。这家公司的创始人叫王石，他无法忘记当年初到深圳的印象。

还有观音山下国家基因库那一片形如哈尼梯田的建筑。观音山似乎是一个充满宗教意味的名字，而基因，则是生命最基本的单位。宗教与科学，总是把人类的认知推向另一个维度。

“永和九年，岁在癸丑”，一千六百多年前，很多人聚集在会稽那个地方，曲水流觞，有过一次放肆的狂欢。笑着笑着，突然就哭了。他们发现，时空无穷，而生命却如此短暂，无论哀伤与欢乐，得意与失意，俯仰之间，便为陈迹。

四十多年来，人们从四面八方来到这里，奇迹般地在这片土地上建起一座新生的城市。有太多精彩的人生故事写就在这片四十多年来逐年增扩的城中。

2010 年，在深圳经济特区建立 30 周年之际，深圳评选出代表深圳精神的十大观念，排在最前面的是“时间就是金钱，效率就是生命”。当年袁庚在船上随手写下这句口号，情景依然历历在目。

2019 年 2 月，中共中央、国务院印发《粤港澳大湾区发展规划纲要》；2019 年 8 月，印发《中共中央 国务院关于支持深圳建设中国特色社会主义先行示范区的意见》；2020 年 10 月，印发《深圳建设中国特色社会主义先行示范区综合改革试点实施方案（2020—2025 年）》。

袁庚虽已远去，但这座城市正翻开新的篇章。

一座城市的故事，是人类的故事；人类的故事，是生命的故事；生命的故事，是宇宙的故事。人类在宇宙无垠的生命中，只是微不足道的一种。

千百年间，人类会经历多少生生死死，每一个生死都是不同的故事。相同的是，每一个故事都将归为陈迹，而陈迹之下，必然孕育新生。这是人类，连同一切生灵，乃至宇宙间所有存在与具象浩大的归宿。